iDO .com世代的生活便利情報指南

說走就走！
跟著肉魯
衝宜蘭

肉魯 著

　　肉魯，憨厚的外表下有一顆熾熱的心，堅持用最素人的角度，描繪臺灣的美好；以認真的態度，帶領大家發現生活中的隱藏趣味。讓我們跟著他的腳步，走入宜蘭尋幽訪秘，享受道地美食吧！　—— Ray Yeh 執筆．旅行玩家瘋台灣全體推薦

　　如果心被勾勒出想蹺班的痕跡，那一定是肉魯又丟出邪惡的秘境照片。台灣真的很美！跟著肉魯衝宜蘭秘境，說走就走。

——田戎恩／南投忠實粉絲

　　愛上旅遊，是自從看過肉魯的旅遊書後開始的。跟著肉魯的腳步走，不論食、住、遊、玩……肉魯都已經幫你規劃好囉！只需帶著一顆好奇的心出發、按圖索驥，包準能找到心中最真的感動哦！　　——謝小益／高雄忠實粉絲

　　認識肉魯不過四、五年時間，除了知道他很能吃也很會玩之外，其實他也很怕死，因為真的有危險性的地方，他絕對不去！他總是提醒大家要保持著怕死的心態，就算是習以為常的活動，也要小心謹慎地去面對。就因為他這怕死的個性，讓大家都很放心地跟他一起出遊，真的是名副其實的安全玩家。

——朱朱／台中忠實粉絲＆人氣部落客

　　隨著生活步調轉變，很多人愈來愈重視休閒旅遊，肉魯的旅遊書介紹許多私房景點與隱藏版美食，每一張照片都是肉魯精心拍攝挑選，讓大家可以享受不一樣的佳餚與體驗大自然。這本介紹宜蘭的新書，想必會讓人產生隨時想去旅遊的衝動。

——葉時聿／台中忠實讀者

　　跟著肉魯旅遊書瘋台灣轉眼也好幾年了，這些年大夥兒都會在拿到肉魯新書的第一時間，就衝往景點打卡拍照。一本本最在地深入的旅遊書，就出自肉魯的筆下。有人問：「肉魯旅遊書特別在哪裡？」我說有著台灣在地濃濃人情味。坊間有很多旅遊書籍可供大家選擇，卻沒有像肉魯一樣，跟讀者有著如朋友般的深厚情誼。很多人透過肉魯的旅遊書與活動而認識了更多人，也更深入了解台灣這片土地。感謝他這份堅持與努力，寫下一本本感動與在地深耕的故事，就讓我們繼續跟著肉魯瘋台灣吧！　　　　　　　——鍾智鈞（標哥）／高雄忠實讀者

　　認識這彷彿鄰家男孩般的肉魯已經三年多，他的真誠、純真、活力與熱情，怎能讓我們不愛呢？！快點預約假期跟著雨男肉魯……喔不，是陽光肉魯啦！享受工作之餘的玩樂生活吧。這次，出發來去宜蘭！　　——貞妃／台南忠實粉絲

　　術業有專攻，有關於旅遊的部分，交給肉魯就對啦！身為半個宜蘭人的他，發掘在地人文風景與美食秘境最在行，藉由他的視野看宜蘭，保證能讓你驚呼連連。還等什麼，說走就走，跟著肉魯衝宜蘭吧！——球球／高雄忠實讀者＆人氣部落客

常跟人提起我認識一個很會玩的朋友，對方總問有多會玩？玩到辭掉工作、出了好幾本旅遊書，而且每一本都上書店的暢銷排行榜，這樣夠厲害、夠會玩吧！這人正是肉魯。在我眼裡，他就像顆永遠不斷電、隨時等待爆發能量的電池，無時無刻不在探索台灣之美；第六本書他更深入挖掘近來很受歡迎的城市——宜蘭，分享鮮為人知的秘境。你還不跟他一起走嗎？出發吧！保證不會後悔！

——Irene＆螞蟻／台北忠實讀者＆人氣部落客

每次走在公司裡，總會有人從後面拍我的肩膀，問說「你們上次去玩的景點在哪裡、要怎麼去？」這些人都是肉魯的粉絲，可見他的人氣多高啊！在半導體產業，每天都會聽到工程師說想離職、不幹了，卻很少有人有這個勇氣放棄。當初，我的高中麻吉肉魯放棄半導體工程師的高薪工作，跑去追尋夢想出旅遊書，真的是超有 Guts 的啦！現在看著肉魯四處演講，比天橋下的說書人還厲害，名氣愈來愈，超替他開心的！我們這群朋友很幸福，每次跟肉魯出去旅行，只要人出現就好，吃喝玩樂住宿的行程，都有肉魯通通搞定啦！真正是台灣 No.1！

——志村（榮鴻）＆家榛／半導體工程師＆高中麻吉

看了肉魯的書之後，才發現足跡是最直接的旅行證明，他改變了我們的視野，讓我們學會用行動鼓勵自己、肯定自己，他讓我們對這片美麗土地充滿了無限感謝。

——「腦殘天團」范志明、陳素春、吳銘益、周靜慧

肉魯，一個在 Blog 認識的大男孩，自從辭去工程師後，成天吃喝玩樂……不過他也以此為業，無時無刻不在發掘新的景點。他花的時間比別人多，跑的比別人勤，因此出了不少的旅遊書；這次他要出一本專門介紹宜蘭的旅遊書，身為宜蘭人的我當然要來推一下。有時候常會覺得他比我還熟宜蘭，比我還像宜蘭人，所以非常期待這本書，肯定會有很多我所不知道美食景點。 ——葉訪／宜蘭忠實讀者

剛認識肉魯時的我，只是一位努力辛苦工作賺錢的人，生活在現實與打拚經濟的宅女，假日放空是唯一讓自己擁有小確幸的方式。但肉魯卻時常會帶著我們這群朋友上山下海，尋找美麗的人事物！在他的帶領下，這才發現原來生活除了與現實打拚外，也可以那麼多采多姿；在台灣旅遊，也可以有探險世界的無比驚喜！

——小宛、雯婷、榮傑／高雄好友

說宜蘭是肉魯第二家鄉，應該沒有人會反對吧！記得以前到宜蘭只知道一些著名景點，那時超喜歡跟肉魯出遊，他總能帶我們發掘不一樣的在地小吃和特色美麗景點。今天的宜蘭已經變成熱門觀光旅遊區，不想和大家人擠人嗎？就讓我們繼續跟著肉魯的私房秘境，一起爆衝宜蘭吃喝玩樂吧！

——Ling／桃園忠實讀者＆人氣部落客

追夢的起點

　　我離開半導體工程師工作已經三年半了，從薪水優渥的工作環境退居到年收入只剩八萬元的旅遊作家，是一段理想和現實交戰的過程。當時我辭職後曾和宜蘭一家民宿老闆聊天，他很有義氣地力挺我說：「肉魯，不然我弄一間民宿給你經營，你就不用擔心收入問題了⋯⋯」當下我真的感動得快哭了！從此也結下了我與宜蘭的美麗緣分。

　　我辭職之後，最常造訪的縣市就是宜蘭（其次是花蓮），甚至連名作家吳淡如都跟我說：「肉魯，你是住在宜蘭喔？一天到晚看你都在宜蘭耶！」很多人說雪山隧道通了之後，宜蘭到處都是遊客，旅遊品質變得很低很低，甚至說宜蘭變了⋯⋯但我不覺得是這樣，我眼中的宜蘭不太塞車，我玩的地方少有遊客；因為我認識的宜蘭人都跟我這個台南人一拍即合，讓我喜歡在民宿、小吃店家跟主人聊天哈拉。每次在地朋友都會說：「不要把我的私房秘境介紹出來喔！」但他們知道我一定會不藏私地報導出來，因為我想讓更多人看見與眾不同的宜蘭之美。

　　這本書是我第一次寫單一縣市的台灣旅遊書籍，我卻選擇了宜蘭，因為她就像是我的第二故鄉；她擁有大山、海洋、溪流、離島、森林、溫泉、冷泉，福爾摩沙最迷人的自然元素都可以在宜蘭看見。你可以在 401 高地一眼看遍台灣 100 多公里的海岸線，重現當年葡萄牙人航海經過台灣的感動；還可以在蘇花古道的大南澳越嶺段，看見宛如天使眼淚的藍寶石東澳灣；更能在炎炎夏日，徜徉在冰涼的排骨溪、崙埤野溪裡；你也會發現，原來好幾間無名飯糰，都是宜蘭人的早餐首選，跟在地人一起排隊吃小吃，比起跟觀光客湊熱鬧有趣多了！

　　這段三年半的離職時光，不算短也不算長，卻讓我從工程師搖身一變，擁有多重身分。我曾經在國際旅展上演講、上過各大電視節目、主持過廣播，亦曾在大學擔任一學期的文化創意講師。讓美好的事物不寂寞、讓小人物登上大舞台，是我從一而終的信念。

　　我的年薪從人人稱羨跌落到一年只剩八萬元，再慢慢地爬升。對我來講，這是一個對自己及家人的交代和肯定。真心感謝每一個支持肉魯的朋友、粉絲讀者們，沒有你們，就沒有追著夢想的肉魯。

宜蘭
地圖

頭城鎮

礁溪鄉

宜蘭市　壯圍鄉

員山鄉

羅東鎮　五結鄉

三星鄉　　冬山鄉

蘇澳鎮

大同鄉

南澳鄉

目錄

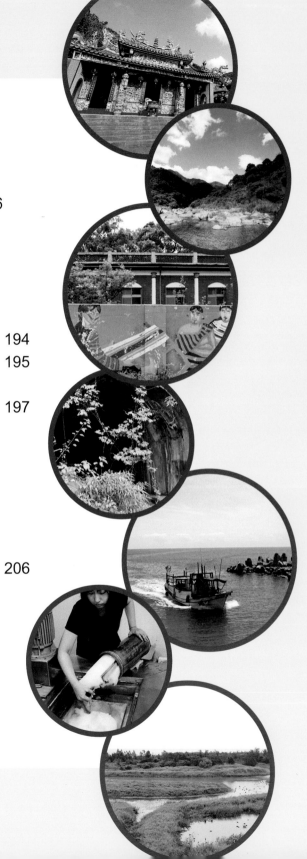

Chapter 1
頭城鎮

新北市

北宜公路

芒草金面棧台

宜蘭縣

N
W E
S

北宜公路

頂埔阿嬤蔥油餅

🚉 頂埔火車站

三和路
191

下埔路

蜻蜓石 🍴

平湖園
咖啡

猴洞坑溪

三和路371巷

北宜路潤縣

復刻版
花蓮雲山水

吉祥路

彎曲版伯朗大道

🏠
合盛66民宿

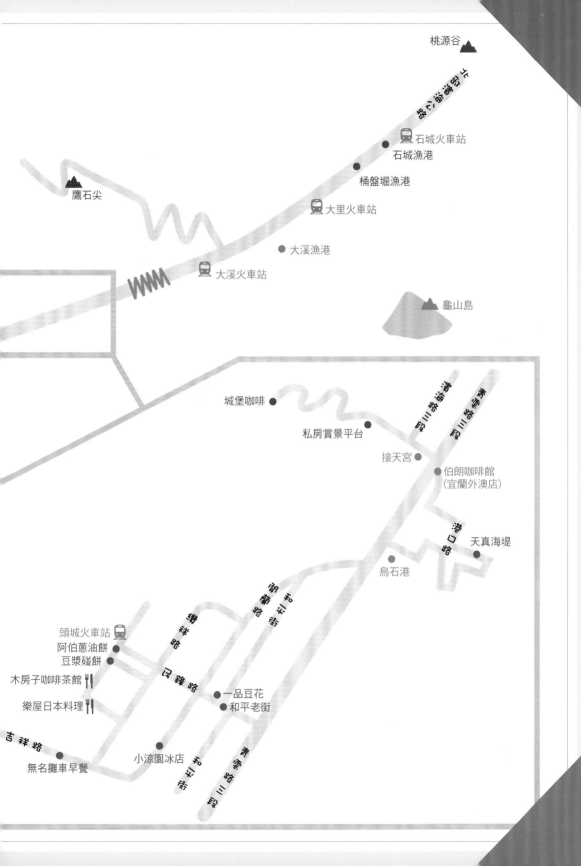

Windows 桌布就在這裡啦

桃源谷

　　原始粗獷版的擎天崗草原，綿延逶迤天邊的青青草原，位於台北、宜蘭交界山脈稜線的世外仙境：桃源谷。海拔高度約 550 公尺，山頂上可望見蘭陽平原、龜山島、浩瀚太平洋、東北角海岸漁村、翠綠山林、小村落，遼闊視野令人驚豔。

　　浩浩蕩蕩的牛群穿梭草原，總在不注意時悄悄出現，水池慵懶泡澡恣意吃草，白鷺鷥總愛停在牛身上，桃源谷上有座涼亭，可盡覽 270 度的美麗海景，我喜歡坐在這裡發呆，有置身蘭嶼氣象台的錯覺，望向南側，雪山山脈灣坑頭山、內寮山一路延伸的廣大草坡極為壯觀呢。

　　在桃源谷隨意漫走，竟然意外發現，眼前出現了 Windows 內建桌布的夢幻美景，碧綠草原、蔚藍天空、山巒起伏，相似度 90%，開心的整個人躺在桌布裡，感受柔軟舒適的綠色地毯，不小心，就呼呼大睡了呢。

桃源谷的牛還會泡澡消暑呢。

左：桃源谷上的發呆亭。　中：躺在 Windows 內建桌布裡，舒服。　右：綿延無盡的翠綠草原，壯觀。

續行，會抵達桃源谷最高點，是片無止盡綿延的大草原，腳底下是高聳懸崖峽谷，海面上一座孤島，粗獷原始的不規則山脈，是宜蘭外海的龜山島呢。蘭陽平原如海市蜃樓，U形海灣忽隱忽現、炊煙裊裊、阡陌田地、屋舍儼然、土地開闊，眼中的桃源谷，如陶淵明詩中，武陵人的桃花源。

鳥瞰 360 度秀麗山海美景，東北側的澳底小漁村、東北角海岸線、萊萊海蝕平台盡收眼底。來了好多次桃源谷，即便假日人潮亦不多，玩一下隔山打牛的趣味跳拍，感受淋漓盡致揮灑汗水的放鬆自在吧。

旅遊資訊

地址：新北市貢寮區福隆里興隆街 36，東北角暨宜蘭海岸國家風景區管理處

電話：(02) 2499-1115

交通：國道一號北上過汐止後，接 62 快速道路直行到底，遇到北部濱海公路台二省道右轉往宜蘭方向，過澳底後右轉台二丙省道，在 26K 處過貢寮大橋後左轉上山，遇見桃源谷龍山園後繼續直行，遇到吉林三號橋後正好是岔路，左轉上山在 8.5K 後會見到左側有一民宅，一個小綠色招牌寫往石觀音，左轉上山即可直達桃源谷小停車場。

隔山打牛的搞怪跳拍，超 High。

私藏綿延礁岩海景

石城漁港

與桶盤堀漁港緊緊相連的石城漁港，是一個欣賞層層山巒與海洋交會的好去處。南側，大溪、頭城山巒延伸入海，礁岩散落海平面上，海面泛著閃亮亮光芒；東側，龜山島宛如另一個神秘國度；北側，蜂窩狀岩石躲了許多螃蟹，據說石城之名由來是因岸邊有巨石堡壘，左顧右盼倒沒發現堡壘遺跡，翠綠山頭從東北角一路綿延，坐在涼亭，享受無人干擾的吹海風午後時光。

左上：釣客釣魚處可能是昔日的石城遺址呢。
右上：石城小彩繪也太繽紛可愛。
下：有山有船，山海相連，是不是很慵懶呢。

旅遊資訊 **交通**：石城火車站往北行約 500 公尺，右轉即是石城漁港。

18

桶盤堀漁港

　　從濱海公路彎入田野海岸小巷，原來是一個看海等火車的桶盤堀小漁港。在這裡，緩緩等待火車通過是種樂趣，查一下火車時刻表，算準時間，即會遇見火車、鐵軌、海平面、電纜線、小島形成五線譜奇景。午後寧靜只聽見海浪拍擊聲，偶爾火車忽然疾駛而過，突然狗吠聲吵醒住家，那是一幅小時候才有的情景呢。

　　蔚藍海洋、小水稻田、龜山島嶼、北迴鐵道、火車車廂，五個層次分明的美麗平行線。復興號、莒光號、自強號、彩繪列車、太魯閣號、普悠瑪號總是呼嘯而過。桶盤堀漁港所見的龜山島，像是一座高低起伏的火山山丘。

來桶盤堀漁港等火車，遠方海景、龜山島相伴，很獨特喔。

旅遊資訊

交通：石城火車站往南行約 200 公尺，左側有小岔路，路口小招牌寫桶盤堀漁港。

葡萄牙人航海感動再現

401 高地

太平洋眺望福爾摩沙之美，驚豔美麗新視角

遠眺遼闊的海天一線，彷彿置身異國之境，若非佇立於此，真的無法想像因不同視角看到的陌生美景，竟是熟悉的台灣，當年葡萄牙人航行經過清水斷崖，驚呼「福爾摩沙」之語的驕傲感動，站在龜山島 401 高地上，竟是原汁原味異地重現。

想登上 401 高地可得先經過 1706 階的挑戰，每 100 階便會見到地上標誌，100、200、300、400……鼓舞數字陸續出現，漸漸地，龜尾礫石搖擺現形，藍天渲染龜尾湖一片湛藍，前段行走山谷裡，後段走在稜線上，約莫 50 分鐘之後，即能在地上見到 1706 數字，可真令人想要大聲歡呼呢。

站上 401 高地觀景台，一百多公里的台灣海岸線盡收眼底，從本

左：媽呀，我終於走到第 1706 階啦！
右：是不是有人把牛奶潑灑在這裡啊，太夢幻了。

看見最右邊的哈巴狗回眸笑容了嗎？

島極東的三貂角燈塔、蘭陽平原、直到南澳烏石鼻保護區，遠方雪山山脈一路綿延橫列，環繞龜山島的太平洋因海底溫泉湧出，形成牛奶螢光藍色，眼前所見比視野臨界點還要遼闊，壯麗的美景讓人說不出話來，遙望在深淺藍色調中隱隱若現的台灣，更是美得像仙境一般。

環顧龜山島，有塊神似哈巴狗回眸巨岩，浩瀚太平洋宛如最大內陸湖泊，頓時覺得台灣可是泱泱大國呢，旅行就該擁有些想像力，是吧！401 高地，賦予了前所未見的美麗景色，生為台灣人，今生必來朝聖。

旅遊資訊

烏石港遊客服務中心：(03) 978-9078
登島預約諮詢電話：東北角暨宜蘭海岸國家風景區 (02) 2499-1115，或洽詢蘭鯨號船公司 0913-833433
登島申請表填寫處：https://kueishan.necoast-nsa.gov.tw
營業時間：每日 09：00～16：00，每年 6～8 月配合天候調整為 09：00～17：00
公休：每年 3/1～11/30 日開放，其餘時間不開放。
交通：於頭城烏石港搭乘船隻前往龜山島。

上：終於攻頂了！半幅台灣盡在眼前！
下：下山的風景仍然美得令人心曠神怡。

龜山島登島繞島

有句諺語：「台灣行透透，龜山行未到。」早期列為軍事重地，遊客根本無法親近，因此披上一層神秘面紗，根據文獻記載，清光緒年間就有居民居住於此，1977年國民政府將龜山島列為火砲射擊區域，因而強制遷村至大溪仁澤社區，1988年解除戒嚴後，才開始往旅遊觀光發展，開放給遊客登島一睹龜山島奧秘。

龜山島屬於海上的火山島，狀似載浮載沉的烏龜，之前雪隧尚未開通前，莘莘學子、離鄉打拚的人，火車一穿出草嶺隧道，便能見到勾起鄉愁的龜山島嶼。清代時期，更有龜山八大奇景聞名遐邇，「龜山朝日」、「龜島磺煙」、「龜岩巉壁」、「龜

上：看見龜山島變成一隻蝌蚪了嗎？
下：龜山島大砲遺跡，砲口竟然對著台灣，這⋯⋯

頭城鎮

礁溪鄉

員山鄉

壯圍鄉

左：繞島時，龜山島千變萬化。　中：航行海底溫泉時，濃濃硫磺味道，好特別。
右：龜山島碼頭，礫石海灣超美麗。

旅遊資訊

烏石港遊客服務中心：(03)978-9078
登島預約諮詢電話：東北角暨宜蘭海岸國家
風景區 (02)2499-1115，或洽詢蘭鯨號船公
司 0913-833433
登島申請表填寫處：https://kueishan.
necoast-nsa.gov.tw
營業時間：每日 09：00 ～ 16：00，每年 6 ～
8 月配合天候調整為每日 09：00 ～ 17：00
公休：每年 3/1 ～ 11/30 日開放，其餘時間
不開放。
交通：於頭城烏石港搭乘船隻前往龜山島。

卵觀奇」、「神龜擺尾」、「神龜戴帽」、「眼鏡洞鐘乳石奇觀」、「海底溫泉湧上流」，神龜戴帽指的是只要龜山島上方有烏雲，隔天便一定會下雨，而且準確度大勝氣象局呢。

　　從烏石港航行至龜山島時，龜山島像極了一隻鞋子，登島後更能見到礫石龜尾。島上可見一些昔日百姓屋舍及軍中營區，當年信仰中心的普陀巖廟宇，登島時最有看頭的是繞行鹹淡水各半的龜尾湖，平靜無波的湖裡悠游許多魚群，南岸碼頭處的碉堡、軍事坑道、機關槍、島孤人不孤告示牌，洋溢著當年軍事戰略要地的肅殺氣氛。

　　除了登島，繞行龜山島時，會經過濃濃硫磺味道的海底溫泉，空氣裡彌漫著一股暖流，海洋成了夢幻牛奶湖泊，真想跳下去泡泡看呢。硫氣孔、龜首丘、崩落山壁、翠綠草坡、蝌蚪山、海蝕洞穴、峭壁山巒、眼鏡洞等，來到宜蘭，一定不能錯過龜山島的小旅行喔！

上：鎮風趨邪虎字碑紀念品，一定要買喔。
下：昔日軍營、廟宇都可見到，開始登島巡禮囉。

C/P 超高的景觀咖啡屋

平湖園咖啡

本是三個好友退休後的山林隱居生活，卻因依山傍海的迷人景致讓遊客驚豔，主人便決定提供下午茶開放營業，分享居高臨下的海天一色美景。烏石港、太平洋、龜山島彷彿近在咫尺；海面上，漁船畫過一條條優美V行線，似乎正在玩畫線遊戲呢！

平湖園主體建築如遨翔天際的老鷹，坐在戶外露天平台，微微山風徐徐吹拂，盡享隱士從容悠哉。下午茶價位約250元，任選一杯飲料或咖啡、一份甜點，再配上手工餅乾；這裡僅提供下午茶餐點。平湖園位處斜坡，地勢較陡峭，並不接待12歲以下的孩童，這也是安全考量。

三個好友裡正巧有擅長烘焙的高手，芒果派、乳酪起司、金棗蛋糕、手工餅乾都難不倒她，咖啡也選

這些都是主人自己做的蛋糕喔。

左：望著烏石港、龜山島、蔚藍海景，真是慵懶。　右：享用著英式下午茶，看著海景，真是貴婦來著。

用成本高的進口咖啡豆來確保品質。

李先生跟我說：「景觀不能轉換錢來賣，那是屬於大自然的瑰寶，能夠賣錢的是我們提供給客人的食材與價值感！」我相信來吃過平湖園下午茶的遊客，都會帶著笑容離開，物超所值的下午茶餐點，搭配上無價的山林海洋奇景，讓人完全不想離去。

看著千變萬化的龜山島，漸漸被一片烏雲籠罩，這句龜山戴帽的諺語，當晚馬上應驗，宜蘭人常說：「龜山若崁頭，大雨隨時到。」當晚果然下了一場雨呢。然而主人熱情邀約，在農曆十五時來平湖園，一起見證龜山島月出奇景，當晚七點多，漁舟帆影點點，月亮緩緩浮出海平面，月光輝映海面，滿洋金黃輝映，讓我為之陶醉呢。

主人說名為平湖，是因頭城慶元宮廟埕旁一首洪鐵濤的帆影詩碑：「迢迢高掛最檣端，掩映蓬窗又畫欄；烏石春來揚萬幅，龜山日上照三竿。計程隱約隨風轉，無恙分明帶月看；絕好平湖秋夜景，倒懸片片印波瀾。」一字一句盡情顯露出平湖園現今全貌。來頭城山上，喝下午茶，賞一壺平湖山水。

旅遊資訊

地址：宜蘭縣頭城鎮武營里武營路33巷5-3號
電話：(03) 978-0180；0988-325102
時間：14：00～19：00，週三公休。往平湖園的路上可見到蘭陽平原夜景喔。

吟詩作對一番：無恙分明帶月看，絕好平湖秋夜景，倒懸片片印波瀾。

不騙人，像老鷹遨翔天際

鷹石尖

旅遊資訊
電話：(03)978-0727，請洽東北角暨宜蘭海岸國家風景區管理處
交通：國道五號下礁溪／頭城交流道，右轉台九省道往頭城，續接台二庚省道，過了 123.5K 後會經過大溪郵局及派出所，左轉往宜 1 鄉道，往明山寺前進，過了明山寺後，約 5.6K 左側即是鷹石尖登山口。

遙望大溪起伏山巒，可見一座隆起的尖銳山峰，形似兇狠鯊魚背鰭，名為鷹石尖，標高約 411 公尺。峰頂有塊懸空天際的巨岩，底下是萬丈深淵的懸崖峭壁，驚險程度媲美美國大峽谷，坐在上面，宛如老鷹遨翔山林，這應是鷹石尖名稱由來吧。

這處私房秘境，其實不難抵達，從大溪郵局旁的宜 1 鄉道彎入，約 5.6K 處左側即是鷹石尖入口，森林茂密的綠色小徑走來輕鬆，偶爾行經青青草原小路之中，約 20 分鐘即能抵達鷹石尖。山頂由數顆巨岩組成，有的形似烏龜，有的形似鳥嘴。

遠遠傳來陣陣海浪聲，登高望遠坐擁無敵視野，大溪漁港、大溪國小、蜜月灣、龜山島、漁舟點點往來，在海面上畫過一條條優美弧線；

東北角海岸線，呈現 U 形曲線，北迴鐵路也盡收眼底。

登上鷹石尖，坐在巨石上，感受彷彿飛翔山林的意境吧。

PS.：鷹石尖山頂濕滑，務必小心挪移腳步。

大溪漁港、大溪國小、東北角海岸線就在懸崖下方唷。

蜻蜓石下午茶

蜻蜓石坐擁一望無際的蘭陽平原，住宿客還能在此游泳喔。

　　蜻蜓石，可不是山上有塊像蜻蜓的巨石，而是以前山上有個水池，生態豐富蜻蜓飛舞。主人在知名大學昆蟲系任教，於是師法蜻蜓，把建築物蓋的像 3D 蜻蜓外觀，採用清水模建築工法，民宿庭園有個視野無邊界的游泳池，一片綠意盎然的草坪地毯，山下坐擁蘭陽平原宜蘭灣美景，山上背倚疊翠山林層峰山巒，想飽覽海天一色無敵美景，住在蜻蜓石，或享用蜻蜓石下午茶，就能辦到啦。

　　蜻蜓石大廳採整片挑高落地窗，連屋頂都是透明玻璃設計，視野光線非常開闊明亮，下午茶一客350元，飲料有咖啡、花茶，自行無限取用，餐點是蘿蔔糕、蔥油餅、水果、餅乾、甜湯等，口味吃起來一般，所幸有山海美景相伴，倒是也還能夠接受啦。

左：牆上有許多昆蟲標本喔。　右：五宮格的下午茶，中西式合併。

旅遊資訊

地址：宜蘭縣頭城鎮武營路 33 巷 11 號
電話：0975-830870；0960-735135
時間：14：30 ～ 17：00
價位：下午茶一客 350 元

不用去花蓮，宜蘭就有

復刻版花蓮雲山水

有次去賣魚郎食酒處吃飯，聊起宜蘭，年輕老闆知道我喜愛自然，便拿起手機給我看這片媲美花蓮雲山水的宜蘭雲山水，一看之下真是驚為天人，馬上詢問如何抵達，其實這片雲山水是陰錯陽差的美麗錯誤。

曾是幅員遼闊的廣大魚塭，卻荒廢閒置了多年，意外形成濕地沼澤，水鳥鴨雁逐漸聚集，候鳥也來過冬，再加上原有的池塘魚群，儼然形成一處生態天堂。

常可見到鳥兒展翅滑翔水面，雁鴨慵懶划行，在平靜無波水面，激起微微水紋。水鳥，躡手躡腳覓食，螃蟹，躲在角落休息，雪山山脈在遠方橫列，北側山頭有圓潤可愛的鵲子

雲山水的綠色隧道，散步騎單車都適合。

山、山之霸者的鷹仔嶺。有藍天白雲、有起伏山脈、有池潭水，時空彷彿被凝結的雲山水秘境。

雲山水東西側，各有一條綠色隧道，西側小葉欖仁隧道最為壯觀，翠綠枝葉向外伸展，左右兩側相互擁抱，彷彿一對對雙胞胎樹。偶有當地居民騎著腳踏車經過，真是雲山水最棒的悠遊方式了。

沿途 100 餘尺的綠色隧道緊鄰湖畔，濕地有了藍天呼應，綻放一片夢幻靛藍，地平面可見龜山島浮現，向北遠望，是從東北角一路延伸的山勢。雲山水裡，扁舟膠筏搖搖晃晃，不禁讓我高歌一曲林志炫的〈離人〉：銀色小船搖搖晃晃彎彎，懸在藍藍的天上……

位處傳統農村下埔的雲山水，春夏兩季種稻米，秋冬則是養殖漁業，有時秋芒綻放湖泊縮小，有時盛夏時節湖面開闊，像是不時改變面貌的少女雲山水。散步、騎單車、跑步，要選哪一種呢？我想……我要騎著單車繞一圈，然後緩緩散步，再來跑步環湖，一次滿足啦！

上：倒影翠綠山稜，湖面水鴨悠哉地緩緩滑行。　中：湖面上一點一點的白色，可是水鳥群聚喔。　下：兩側皆是雲山水，是不是很像日月潭自行車道呢。

旅遊資訊

地址：宜蘭縣頭城鄉下埔路（Google 輸入定位）

交通：國道五號下礁溪交流道後往頭城方向行駛，約 100 公尺遇到二城路馬上右轉，直行到底會接到 191 縣道，左轉直行會遇到右側淑梅便利超商，此 T 字形路口右轉進入，直行到底後右轉百公尺，會在左側看見雲山水，左邊是小葉欖仁綠色隧道，對面即是觀賞雲山水最佳之處。

視野比城堡咖啡還讚

私房賞景平台

往頭城城堡咖啡的路上，右側有個大型避車道，這裡沒有遮蔽物，視野非常遼闊遙遠，可近距離觀賞北迴鐵路、外澳沙灘、蘭陽博物館、外澳服務區、龜山島、烏石港、優雅海吉兒民宿，晚上夜景也相當夢幻呢！當火車通過時發出的隆隆巨響，在山邊也能聽得一清二楚；沙灘上一波一波湧上岸的海浪，可是衝浪客最愛。想享受飛行傘的角度賞景嗎？來這個平台準沒錯！

旅遊資訊

交通：從宜蘭縣頭城鎮濱海路二段6號（頭城海景咖啡館）對面的接天宮紅色牌樓進入，沿著伯朗咖啡指示上山，約五六百公尺左右，右側有一個大避車道，這裡即為私房賞景平台。

左：連烏石港、蘭陽博物館都可看見喔。
右：夜色朦朧，好美好豔的頭城夜景。

30

天真海堤

超受歡迎的偶像劇《犀利人妻》，曾有個讓人忘記憂愁的拍攝場景：一路綿延的挑高海堤、蔚藍浩瀚太平洋與龜山島相伴，那是劇中隋棠（謝安真）與宥勝（藍天蔚）在此談心之處，各取一字，我也稱這裡為「天真海堤」，不然本來這裡名為「烏石港北側堤防內側步道堤岸」，聽起來可一點也不浪漫！

天真海堤，長達 200 多公尺，下方是外澳沙灘，可看到不少衝浪客拿著浪板走向大海。東北角海岸線清晰可見，遠方的白色圓球屋頂則是阿拉伯建築，右側是像單面山的蘭陽博物館，左方是流線黃色造型的外澳服務區，山上屹立兩棟城堡伯朗咖啡館，還有美麗歐洲風車，有時還能見到從天而降的飛行傘，前方是佇立外海的龜山島。坐在兩層樓高、畫上波浪的海堤平台，靜靜聽著海浪聲響，保證什麼煩惱都不見了。

左：頭城是衝浪者的天堂。　右：山林有兩座城堡和風車，看見了嗎？

旅遊資訊

地址：宜蘭縣頭城鎮港口里港口路
電話：(03)978-9078
交通：下國道五號頭城交流道後，沿著台二庚省道北上接到台二省道，經過蘭陽博物館建築後的紅綠燈向右轉往烏石港，直走到底後左轉直行到底，上方即為天真海堤。

國小課本描述的蘭陽平原就在這裡

芒草金面棧台

頭城鎮

礁溪鄉

員山鄉

壯圍鄉

北宜公路上的金面大觀，是昔日前往宜蘭遊客必停之處，因雪隧開通而乏人問津。近來，經過設計師腦力激盪，利用兩萬多塊的鐵片木材，營造隨風搖曳的芒草姿態、生機盎然挺拔的筆筒樹，更呈現出雪山山脈特有的四稜砂岩地形，盡情揮灑創意的蘭陽建築風味。

芒草金面棧台融合粗獷原始意境，漫步而上，兩旁是恣意生長的3D芒草。上面總共有三處遠眺觀景平台，從另一個角度看金面棧台，亦像是準備飛越而下的大型昆蟲。

金面棧台標高約538公尺，四周無遮蔽物，風勢強勁呼嘯而過，在遙遠山上，竟然能吹拂到愜意海風，摸了一下皮膚，還能感受到一絲海味呢，真是令人嘖嘖稱奇。望著山下，

左：宛如芒花綻放設計，山下便是宜蘭平原美景。　中：國小課本裡的蘭陽平原出現囉。
右：鵲子山（富士山）的美麗柔軟草原。

國小課本裡的場景浮現：阡陌縱橫的蘭陽平原，一畝一畝的綠色稻田；右側山腰是一路綿延的翠綠草原，草原尾端是圓滾滾的富士山；左側山下，九彎十八拐隱約出沒山頭。遨遊山之巔，賞著海之涯，虛幻奇特的鑄鐵芒草，時而天地氤氳，偶而豁然開朗，這是一個適合發呆的慵懶國度。

▶ 同場加映　不用去日本，這裡就有百萬夜景

小函館百萬奇幻夜景！

　　芒草金面棧台夜晚的奇幻夜景，竟神似日本函館的百萬夜景。從礁溪開車上山，約 20 分鐘車程，即能抵達北宜公路的金面大觀。此時的蘭陽平原悄悄換上金裝，放眼望去，金碧輝煌，延伸至南方澳的海岸線，呈現了彎曲 U 形弧線。我對著山下大喊：「小函館！」相似度約 80 ％吧，北海道函館夜景，是兩個 U 形海灣漁港組合而成，這裡只有一個 U 形海灣，不就是小函館嘛！

　　虛幻金色夜景，蜿蜒的國道五號高速公路，成了最佳男主角，羅東市區燈光明亮，南方澳港灣漁火通明，一眼就能辨認。建議黃昏時刻上山，靜心等待百萬小函館夜景的隆重登場吧。

金碧輝煌，根本就是 1/2 的北海道函館百萬夜景。

旅遊資訊

電話：(03)977-2371（頭城鄉公所）
交通：台九省道 56.5K 處

有 MV 來這裡取景耶

彎曲版伯朗大道

頭城鎮

礁溪鄉

員山鄉

壯圍鄉

　　平凡無奇的水圳稻田小路，卻因道路彎曲形似英文字母M，成了一條私藏的夢幻單車道。春夏秋冬呈現不同風華，金黃稻穗隨風搖曳，翠綠秧苗生機盎然，一池池水稻田如湖泊，有時汽車經過，真會捏一把冷汗，生怕一個轉彎就摔落田裡。

　　M形單車小徑坐落於合盛66民宿外，屬於得子口溪自行車步道的一小段，溪旁的橋上可見拿著八卦網「扒魚仔」的在地人。站上河堤環顧四周，盡覽雪山山脈壯麗之美，還能

見到國道五號車潮。眼下是條如麥當勞標誌「M」的彎曲小徑，伴隨季節天氣變換，禪意水田、綠色秧苗、金色稻穗、雨天氤氳，各自散發迷人韻味。我很喜歡自己騎著腳踏車，來

有人在扒魚仔，好俐落的身手。

回穿梭Ｍ形單車小徑，好像我是「I SEE YOU」廣告裡的金城武呢！

　　有次，合盛 66 男主人信佑開心地說：「這條路紅起來啦！不知什麼ＭＶ跑來取景，還有東北角風景區好像找了 10 幾個老人入鏡拍攝……」一百多公尺長的小路，Ｓ形狀左彎右拐，在地農夫說：「路會彎成這樣，是因為稻田沒被重劃過，保留了最初造路情景，而非重劃後的井字直線。」我覺得像是台東的伯朗大道變彎曲了，多了好幾根電線桿。坐在河堤的橋墩上，陶醉於蘭陽田園的淳樸風貌，看看稻浪、吹吹稻風、聞聞稻香，還有一旁優雅的合盛 66 民宿，讓人彷彿置身歐洲小鎮呢。

春夏秋冬的夢幻景色一網打盡。

旅遊資訊

地址：宜蘭縣頭城鎮三和路 616 巷 105 弄 8 號（合盛 66 對面）
電話：(03)977-2371（頭城鎮公所）

找找含笑食堂偶像劇在哪拍

和平老街散策

　　時序拉回了清朝嘉慶元年，吳沙翻山越嶺，帶領漳、泉、粵人士來到宜蘭，從頭城烏石港上岸。當時頭城名為頭圍，因而有開蘭第一城稱號。南北縱向的和平街，沿著河運而發展經濟，頭城港緊鄰和平街旁，如今遺址位於盧宅前方，後來 1924 年大水淹沒頭城港，加上公路鐵路興建，經濟重心轉移，頭城因而沒落……

　　如今，散步老街的人潮不多，南北側各有一間相似的福德祠，是當時為了聚集老街財氣而設立；南段大多興建了新宅，但福德祠前的源合成、陳春記，斑駁紅磚古意盎然的拱廊，是日治大正時期的老建築喔。

　　北段和平街街屋，也是偶像劇《含笑食堂》拍攝場景。洗石子外牆鑲著紅磚外牆，復古藍色鐵窗鐵捲門搭上日式木板，屋簷下兩三張木椅，是我最愛放空發呆之處，屋內還有販售在地手藝品及茶飲咖啡喔！

從街屋續往北走，左側一棟白色華麗小城堡，一扇扇火紅鐵捲門，獨特風格令人印象深刻；而中西日式建築的盧纘祥宅，氣勢非凡宛如王者之姿，前方一片優雅池塘，可是昔日頭城港遺址呢！北側，尚有清代13行平房遺址、頭城國小校長宿舍，充分感受時代變遷的滄桑風華。

含笑食堂在北段和平街屋取景的，一定要走過來逛逛喔。

旅遊資訊

地址：宜蘭縣頭城鎮和平街
電話：(03) 977-2371（頭城鎮公所）

同場加映　**記得沒開店前先來卡位排隊**

龍記牛肉麵

才早上 10 點半，門口就擠滿人，心裡想說：「這些人沒吃過牛肉麵嗎？排成這樣……」號稱一開店沒多久，馬上秒殺賣光的龍記牛肉麵，可是宜蘭百大小吃第一名。採用中藥、水果熬煮的湯頭，喝起來清爽可口，牛肉塊厚實，帶著牛筋紋路，吃起來會有微微黏嘴的膠質，真的是絕品美味哩！難怪難怪，大家要排成這樣啦。

旅遊資訊

地址：宜蘭縣頭城鎮纘祥路 38 號
電話：(03) 977-7377
時間：11：15 ～ 14：30，週日公休

一定要知道好笑茶由來

木房子咖啡茶館

走出頭城火車站，第一會聞到飄香的阿伯蔥油餅，此時一定要買一份解饞；轉個右彎，有幾棟70多年歷史的優雅木造建築，洋溢濃濃日式風情。這裡前身可是老舊破損的鐵路局舊宿舍，經過整修賦予了新生命，二手書屋、啟文木藝都曾進駐。木房子咖啡茶館，外觀是格子井字狀的木屋，門口停了台阿公古董車，氛圍彷彿拉到了京都市郊。

脫了鞋子，走入屋內，時間緩緩慢了下來，香杉木頭香氣舒服撲鼻，雙腳踩著木地板時，吱吱聲響迴盪屋裡。老沙發、小木桌、大理石桌、收音機，有些古董來自主人南澳老家。陽光穿透窗戶飄然散灑，席地盤腿、躺在椅子，都能徜徉慵懶空間裡。

跟店員拿了 menu，赫然發現丈二金剛摸不著頭腦的「好笑茶」?! 向

像是小京都的木房子，每走一步就會發出動人聲響。

左上：睡蓮花緩緩綻放。 右上：有梗的茶葉，因為有梗所以好笑，悶！ 左下：老沙發真好坐。 右下：蜂蜜蛋糕好好吃。

店員詢問，卻得到一個詭異的微笑。我們像是幼稚小孩子，決定點一杯來一探究竟，也順便點了睡蓮花茶、好香紅茶、蜂蜜蛋糕。等待的空檔，繞到木房子後方庭院，一小片草坪，鋪著紅磚地，幾株大樹，淳樸日式木門，像是跨越任意門悄悄跑到了日本呢。

過了不久，好笑茶上桌囉！玻璃杯裝著淡綠色熱茶，年輕老闆笑著說：「看看這杯茶有什麼不同？」我馬上機靈回說：「茶湯裡有茶葉，還有梗耶！」大家靜默無語面面相覷，突然哄堂大笑，哇哩勒……原來有梗＝好笑，老闆你還真幽默啊！我很喜歡這種輕鬆的人生態度。睡蓮花茶緩緩綻放花苞，是一杯會韻律操的美茶。午後時光，配上好香紅茶、蜂蜜蛋糕，真是一點也不想離去哩。

屋外，細木條拼湊「木房子咖啡‧茶館」招牌字樣；屋內，隨處可拾的悠哉日式風情，年輕老闆還是解說志工，身兼頭城老街的導覽員呢。我已跟老闆預約，下次要去他的故鄉南澳，請他帶路走私房秘境！

旅遊資訊

地址：宜蘭縣頭城鎮站舍巷 9 號
電話：(03) 977-6758
交通：頭城火車站出來右轉 100 公尺右側。
時間：週一到週五 11：00 ～ 17：30，週六到週日 10：00 ～ 17：30，週三公休

樂屋日本料理

還沒到上午十一點，樂屋門口已經滿滿人潮，排隊人龍簡直快跟龍記牛肉麵連成一線啦！這是間ＣＰ超高的日本料理，豪邁料多的味噌魚湯免費喝喔。

香菇菊揚，包著蝦子魚漿九層塔，吃起來會噴汁燙舌喔；樂屋豆腐，吃起來可不是豆腐，而採用宜蘭名菜糕渣做法，獨特淋上天婦羅醬汁，絕妙組合；和風生魚片，炙燒鮮嫩鮭魚混合山藥和風沙拉，撒上柴魚片五味粉調味，吃起來微微辣意很開胃呢；樂屋招牌捲，包上醋飯、天婦羅炸蝦、新鮮生菜的壽司，清爽可口的滋味喔。當我們快吃完時，看到隔壁桌那份咖哩豬排飯，賣相實在太邪惡了，下次一定要點來試試看！

小撇步：想吃樂屋又不想等太久的人，建議 10：40 或 16：40 就先來排隊。

頭城鎮

礁溪鄉

員山鄉

壯圍鄉

左上：香菇菊揚一定要趁熱吃。　右上：樂屋豆腐像糕渣耶。　左下：生魚片稍微炙燒，好香。　右下：壽司包著天婦羅炸蝦，有創意。

旅遊資訊

地址：宜蘭縣頭城鎮西一巷 13-15 號
電話：(03)977-7525；0928-240650
時間：11：00～14：00、17：00～20：00

豆花碗粿都是一絕
一品豆花

　　吃碗粿配豆花，乍聽有點不搭，是頭城人愛的早餐味。碗粿屬北部做法，將米漿蒸熟，加上肉燥塊，有別於添加蝦米、菜脯的北部碗粿，再淋上微甜橘醬汁，粿裡吃得到油蔥，吃起來很清爽喔。

　　吃完了鹹食碗粿，再吃甜食豆花，這樣才算一套喔。最愛那狀似冰砂的糖水，加入花生、粉圓、紅豆的綜合口味，豆花口感綿密細緻，來頭城前，千萬別吃東西喔。

旅遊資訊
地址：宜蘭縣頭城鎮民鋒路 6 之 7 號
電話：(03)978-0199
時間：08：00 ～ 21：30

50 年代懷舊吃冰空間
小涼園冰店

　　想吃冰，來小涼園準沒錯，走過一甲子歲月的小涼園冰店，淡綠色窗框、復古毛玻璃、年代久遠木桌椅、磨石子紅綠菱形地板，還有一組像深水炸彈的古老製冰器，老房子氛圍應有盡有。招牌八寶冰，先把紅豆、鳳梨、花豆、綠豆、玉米、地瓜、麥角、QQ 和白糖水混合，再淋到挫冰上面，偶爾吃到玉米的感覺好微妙呢，不會太甜太膩的口感，在舊時光徜徉吃冰的甜蜜。

左：招牌八寶冰，是招牌喔。
右：古早味的製冰管線。

旅遊資訊
地址：宜蘭縣頭城鎮開蘭路 88 號
電話：(03)977-1678
時間：每年 4 月到 10 月的 10：30 ～ 21：30

碰餅加豆漿，酷斃了

豆漿碰餅

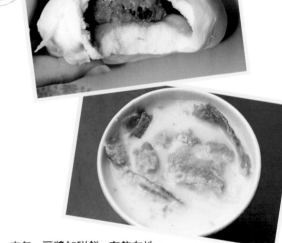

肉包、豆漿加碰餅，有夠在地，
超好吃。

　　早晨在頭城街上漫無目的地散步，赫然見到小推車攤子裡的一包包碰餅，內心不禁驚喜「巧遇古早味早餐耶！」馬上點了碰餅加花生湯，沒想到老闆說「沒有！」不然碰餅加杏仁茶好了，老闆笑說：「也沒有耶……我們碰餅只能加豆漿或米漿喔！」這間店開了40幾年，傳到第二代，也算是老店。豆漿堅持採用非基因改造黃豆，將碰餅敲碎加在豆漿裡，有種台式味道的完美融合，很像豆漿加油條的口感；再點一顆香噴噴肉包，有飽足幸福感。坐在路邊吃早餐，突然好想把腳高高地蹺在椅子上。簡單的包子饅頭，搭配獨特豆漿＋碰餅，台味古味一次滿足。

旅遊資訊

地址：宜蘭縣頭城鎮城北里纘祥路 59 號前
交通：頭城火車站前

無名攤車早餐

　　早鳥限定、絕對私房的無名攤車早餐，是住在附近的頭城朋友蘭欣極力推薦。這裡沒有桌子，只有四、五張椅子，一堆人都站在路邊依靠著牆、蹲坐地上、坐在機車、汽車，直接大快朵頤起來啦，我超愛這幕local的景致。

　　拌炒到金黃色澤入味的炒麵，淋上香噴噴肉燥，鋪上一塊鬆軟入味油豆腐，一口咬下還會爆汁，嘩嘩！太犯規啦！別忘了點上一碗肉羹，有菜頭調味的湯頭，加上油蔥、黑醋，肉塊吃起來扎實，口感一級棒喔！

　　雖然沒有舒服座位，但隨意站著吃卻很自在。在宜蘭生活，你會發現好多中式早餐，我超愛！

左：炒麵加上油豆腐，絕配。
右：No. 1 肉羹。

坐在路旁直接開吃。

旅遊資訊

地址：宜蘭縣頭城鎮新興路 304 號斜對面
時間：07：00～賣完

頂埔阿嬤蔥油餅

　　頂埔阿嬤蔥油餅開了 35 年，本是在地人愛吃，隨著蔥油餅在宜蘭竄紅，遊客往來礁溪頭城時，必會停下來解饞一番。阿嬤的蔥花份量很多，炸起來金黃酥脆，麵皮口感 Q 彈，一口咬下散發青蔥爽口味道。宜蘭人很幸福，隨處都有五星美味的蔥油餅可以吃。常有人會拿頂埔阿嬤跟頭城阿公 PK，我覺得同樣都很美味呢！

頭城鎮

礁溪鄉

員山鄉

壯圍鄉

旅遊資訊

地址：宜蘭縣頭城鎮青雲路二段 316 號與台 191 線的交叉口
電話：(03)978-9234
時間：09：00 ～ 18：00

俐落手法宛如一場表演秀。

44

阿伯蔥油餅

　　毫不起眼的三輪摩托車，坐落頭城火車站右前方，很多人下車後都聞香而來。阿伯的蔥油餅麵皮現擀現炸，採用豬油來油炸，炸起來特別香；把雞蛋打進去油鍋油炸時，膨脹模樣媲美花蓮炸蛋蔥油餅，所以也有人說阿伯是宜蘭的炸蛋蔥油餅啦！

　　撒了豪邁蔥花在雞蛋上，再蓋上蔥油餅就大功告成，阿伯會先放在鐵網瀝乾。記得要自己塗抹三種醬汁：蒜味醬油、甜辣醬及辣椒醬。一口咬下，燙口的蛋黃汁液流出，香酥餅皮有 Q 勁。阿伯蔥油餅是頭城人的早午晚餐＋下午茶，有事沒事都要來吃一塊解饞。

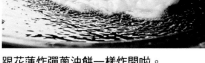

跟花蓮炸彈蔥油餅一樣炸開啦。

旅遊資訊

地址：宜蘭縣頭城鎮城北里纘祥路 59 號（頭城火車站旁）
時間：09：00 ～ 18：00

Chapter2
礁溪鄉

月眉坑瀑布

聖母山莊

櫻花陵園

林美石磐古道

得子口溪

佛光大學

五峰路

乾枘崙路

德陽路

龍潭路

仁愛路

龍潭國小

大忠路

信義路

龍潭春捲伯

育龍路

十六結路

冒煙的石頭

湯圍溝溫泉公園

三民大飯店

礁溪路三段

礁溪路一段

中山路一段

四城火車站

無名烤肉雞

礁溪火車站

▲ 鵲子山

▲ 跑馬古道

忠孝路

 猴洞坑瀑布

白石腳路

甕窯雞

礁溪路五段　　　　礁溪路七段　　青雲路一段

德陽路　　溫泉路

秀蘭阿姨泡泡冰

中山路二段

N
W　E
S

勇腳級的絕世美景

聖母山莊國家步道

　　想登上這條難度頗高的國家步道——聖母山莊，可得先了解一下路程：從五峰旗風景區至聖母朝聖地，距離約 1 公里，需走約 25 分鐘，平緩易行；從聖母朝聖地至通天橋，距離約 2.7 公里，需走約 50 分鐘，是一條緩緩上坡的碎石子路；從通天橋至聖母山莊，距離約 1.6 公里，需走約 90 分鐘，這條一路爬升的森林步道，沿途設施完善良好，需較大體力。

　　從聖母朝聖地開始的這段緩慢上坡，穿梭著林相茂密的原始森林，時而可見遠方隱約若現的蘭陽平原。步道 4 公里處，便是通天橋，兩個木頭組成一個鏤空十字架，刻畫「聖母登山步道」標示。

　　從通天橋往上約 300 公尺的路程，有著悅耳的清澈溪流樂音伴隨而行；到了得子口溪上游，放眼綠意盎然，大石堆疊湍湍溪流，瀑布五方匯聚，簡直宛如人間仙境。體力不佳的人不妨走到通天橋即可，就躍入沁涼溪流玩水吧！

　　從通天橋往上，是這條步道菁華所在，一路攀升高度約 400 公尺，

聖母山莊海拔爬升約 400 公尺。

物種豐富，林相蓊鬱，山徑穿越森林，沿途約有三個休憩平台，還有一個泉水出水口可補充水分；約到了1.2公里後，漸漸走到山稜上，視野也豁然開朗：淡江大學蘭陽校區、林美石磐草湳湖、宜蘭鄉野水田景致，彷彿穿越雲端驚見海市蜃樓的夢幻。

接著，一鼓作氣衝到1.6公里步道終點，一座座山頭宛如合歡山的箭竹草原，峰頂坐落一池碧綠潭水。循著陡峭階梯往上走到平台，環顧四周，驚見三角崙山一條一條的有如恐龍背脊，還有摺疊起伏的翠綠草坡山巒，不敢相信這裡海拔僅820公尺。回望雪山稜線的西側山勢，夢幻壯麗、層層堆疊的山勢，與V字形的山谷一路綿延。

峰頂有座聖母山莊，是義大利籍的巴瑞士修士在1978年左右興建。登上峰頂平台的前方欄杆，看見午後的濛霧儼然一艘航行天空的鐵達尼號；綠草如茵的山巒、雲霧縹緲的山嵐，統統盡納眼底。對了，登聖母山莊時別忘了帶午餐上來，在山頂野餐，實在有夠享受。

Ps.：其實登聖母山莊不難，只要一些體力加上堅定毅力。我的體力算「肉腳」，邊拍照邊走邊聊天，2小時40分鐘就攻頂囉！

上：聖母山莊嘉明湖！？
中：宛如一條條龍脊的奇特草原稜線。　下：聖母腳下有隻蛇咬著蘋果喔，很特別。

旅遊資訊

地址：宜蘭縣礁溪鄉五峰路91巷10號，聖母朝聖地

電話：(03)987-1568

交通：國道五號下礁溪交流道後，左轉台九省道往礁溪，過了礁溪市區後右轉大忠路（宜2），直行到底即是五峰旗風景特定區，步行往五峰旗瀑布方向，到了第二層瀑布後，會遇到聖母朝聖地指示，直行即可抵達，沿著聖母朝聖地後方小徑，即是聖母山莊國家步道。

資訊：從聖母朝聖地出發，單趟約4.3K，時間約2小時40分。

天壇優美造型教堂

聖母朝聖地

小天壇，好清幽喔。

從五峰旗風景區第二層瀑布，依指示往聖母朝聖地漫步，一路上潺潺流水伴隨而行，蕨類密佈猶如熱帶原始森林。過了不久，踏上階梯，視線逐漸明亮開闊。一座弧形優美的天壇，有著散射狀的黑瓦白牆，背倚蓊鬱山脈，面向遼闊蘭陽，這獨特圓頂天主堂搭配山明水秀的美景，乃是鮮少人知的私房秘境，標高168公尺的聖母朝聖地。

氣宇非凡、雄偉秀麗的圓頂教堂，兩層屋簷鑲著黑色瓦片，圓潤的收尾屹立著純白十字架；內部屋頂的橫形木條，以同心圓拼湊出放射形狀，白色雕花牆壁典雅脫俗，唯美藝術沉澱了煩躁心靈。

1980年有5名台北自強登山隊的成員，從坪林攀登三角崙山，想從礁溪方向下山，卻因天黑迷了路迷路，在山頂聖母山莊祈求聖母保佑。

當抵達這裡時，卻赫見神似聖母的白衣人影，出現在石洞亭後方，後來消息傳開，也為了感念聖母，才有聖母朝聖地的建立。

環視四周山勢，凹凸不平如五指山。悠閒地坐在天主堂階梯上，U形山谷層層山巒起伏，礁溪市郊田園、北宜高速公路、太平洋近在眼前，這片山靈水秀、倚山傍水的聖地，讓我賴著完全不想離去了。

旅遊資訊

地址：宜蘭縣礁溪鄉五峰路91巷10號，聖母朝聖地
電話：(03) 987-1568
交通：國道五號下礁溪交流道後，左轉台九省道往礁溪，過了礁溪市區後右轉大忠路（宜2），直行到底即是五峰旗風景特定區，步行往五峰旗瀑布方向，到了第二層瀑布後，會遇到聖母朝聖地指示，直行即可抵達。

頭城鎮

礁溪鄉

員山鄉

壯圍鄉

超清涼超消暑的溪水
得子口溪戲水

　　炎炎夏日，想戲水卻不知往哪走？來到五峰旗瀑布下游的得子口溪，這是一條隱藏在森林裡的清澈溪流。周遭環境如熱帶雨林，水深高度僅達膝蓋，時而可見魚群悠游。捲起褲管、光著腳丫浸進溪裡，沁涼無比的溪水溫度，讓暑意全消，活力滿滿。溪底小石有黑有棕有白，陽光照射下來宛如彩色小溪。下方正好是五峰旗瀑布、月眉坑瀑布、林美石磐瀑布匯流之處，壯闊攔砂壩以及開闊的溪床，令人心曠神怡。想玩水又不想人擠人，就來得子口溪吧！

旅遊資訊

電話：(03)988-1311（礁溪鄉公所）
交通：國道五號下礁溪交流道，左轉台九省道往礁溪，遇到大忠路（宜2）右轉，直行到底即是五峰旗風景區，抵達五峰旗前的30公尺左側有小路，左彎進入經過攔砂壩後，右側即為得子口溪溪流。

月眉坑瀑布

傳說中的美麗仙境，藏身於五峰旗瀑布和林美石磐瀑布之間。通往月眉坑的原始森林步道，沿途是碎石子泥土路，約 10 來分鐘可遇見一座古樸土地公廟，別忘了祈求行程順利平安喔！續行會遇到一個岔路口，取左直行便是往月眉坑，步行不久會遇到一座鐵橋，橋下方有個小峽谷深潭，溪流高低落差激起陣陣水花，溯溪隊伍通常會在這裡體驗垂降喔。

過了小峽谷，開始下切溪谷，涉水通過高度及膝的溪流，進入了一個雄偉的峭壁峽谷，瀑布水聲彷彿樂音入耳。從山路小徑高繞深潭，手腳並用拉繩攀爬，走過最後一段泥巴路，眼前所見讓大家驚訝愣住：千層岩壁傾洩細如水針的瀑布水花，月眉坑瀑布實在是夢幻壯觀啊！

朋友率先跑到瀑布下方，發現深度最深只到大腿，多處地方甚至只到膝蓋小腿，深潭搖身一變成為淺潭，可說是非常安全容易親近的瀑布。月眉坑瀑布水量超級充沛，但卻分散成千上萬的水花，站在瀑布下方沖瀑，並不會覺得特別痛，反倒像是水針按摩 SPA，襲擊每寸肌膚毛細孔，任督二脈瞬間被打通了。我們手

頭城鎮

礁溪鄉

員山鄉

壯圍鄉

52

左：穿越原始壯麗的峽谷。　中：比較難走路段都有繩子可拉喔。　右：月眉坑沖瀑超過癮，快來。

拉手躺在淺潭圍成小圈圈，享受漂浮水面的樂趣，大家直說：「爽啦！真是太美麗了！」我愜意躺在岩石溪流上，享受負離子的盡情洗禮，永生難忘美麗至極的月眉坑瀑布。

我先睡一下午覺喔～超級冰涼有勁啊，一定要試試看！

　　從五峰旗攔砂壩停車場走來月眉坑瀑布，約 60 分鐘路程，沿途路況非常好，後半段下切溪谷，要沿著溪流溯溪而行。想探訪瀑布的人，建議有熟悉水性朋友同行，別忘了帶上一台防水相機，記錄美好的一刻吧。

旅遊資訊

電話：(03)988-1311（礁溪鄉公所）
交通：國道五號下礁溪交流道後，左轉台九省道往礁溪，過了礁溪市區後右轉大忠路（宜2），直行到底即是五峰旗風景區，抵達五峰旗前的 30 公尺左側有小路，左彎進入經過攔砂壩後停車，越過得子口溪到對岸，經過土地公廟後岔路取右，直行過綠色鐵橋、水泥橋後，約 4、5 分鐘左側有往月眉坑牌子，左轉進入會看見橫木擋道，循著小路下切到溪谷，走在溪谷約 50 公尺可由左邊路徑高繞，即可抵達月眉坑瀑布。

能眺望蘭陽平原的瀑布

猴洞坑瀑布

湍湍溪流從裸露的岩壁中，彷彿萬馬奔騰般飛奔而下，水波蕩漾激起一陣陣水花，形成一道雪白飛瀑，一泓碧綠深潭。背倚雪山山脈，坐擁蘭陽平原，此乃隱於礁溪山上的猴洞坑瀑布。

從入口沿著水圳而行約10來分鐘，即可聽見涼涼溪水聲響，一個轉彎便見到猴洞坑瀑布在眼前，卻不見任何猴子行蹤。原來「猴洞坑」名稱由來，是因早期此地有許多獼猴聚集。傳說如果與有意追求的異性朋友，一起登上猴洞坑瀑布，必成良緣佳偶。聽到此，趕緊偷帶曖昧對象來旅行吧。

猴洞坑瀑布區分為上中下三層，最下層深潭最為迷人，遊客可在此親近溪流。一旁有個將近70度的陡峭石梯蜿蜒而上，驚嚇指數100％，所幸有紅色鐵欄杆輔助；石梯中間有個岩壁觀景台，可惜已經廢棄了。身體依附岩壁，小心翼翼通過，踏上舊觀景台，宛如站在鐵達尼號船首，震撼驚險感十足。

續往上走，是一片緩緩溪流，水深約只到膝蓋之下，溪底石頭較為圓潤，咖啡色澤閃亮發光，悠哉坐在

隱山飛瀑，碧綠深潭，還坐擁蘭陽平原景色呢。

巨石上、泡著水，一眼望出去，蘭陽平原田野風光，竟然看得一清二楚。就這樣賴在猴洞坑瀑布，享受盛夏避暑的清涼樂趣。

旅遊資訊

電話：(03)988-1311（礁溪旅遊服務中心）
交通：國道五號下礁溪交流道後往礁溪方向直行，會遇到左側的「甕窯雞」指標，此時右轉白石腳路直行往猴洞坑，之後會遇到左側南興宮，步道入口就位於廟的旁邊。

鵲子山東北峰的視野最佳最棒喔。

富士山（鵲子山）

遠方三角圓潤山頭，彷彿日本富士山的縮影。走入山稜線，放眼綠草如茵如青青草原，太平洋、龜山島、蘭陽平原浩瀚相隨，這裡是小百岳：礁溪鵲子山。

標高 679 公尺的鵲子山，是雪山山脈北段延伸支稜，清朝《噶瑪蘭廳志》記載：「鳳頭山俗呼鵠仔山，以形得名，一峯突聳，高插雲端……亦蘭陽一偉觀也。」

鵲子山最神似富士山的角度，是從礁溪田野平原或國道五號礁溪頭城段，往雪山山脈方向仰望，會發現有座優美圓錐山形。日治時期日本人思念故鄉，便把鵲子山稱之為富士山。

想登鵲子山，要從北宜公路上的圓通寺入口進入。車停在寺廟，步行經民宅，過橋後右側森林即是登山口，進入後往左邊左上直行，就會進入一片原始森林，穿越後續行往上，視野逐漸豁然開朗，小小路徑宛如優雅揮毫筆徑，地上可見鵲子山東北峰三角點，這裡的視野比主峰還要棒呢！

從入口走到東北峰，才僅需 10 來分鐘，就可盡情擁抱 180 度視野的蘭陽平原、玲瓏有致的碧綠青青草原；幾株不畏強勁東北季風的蒼木挺立，浩瀚無際的太平洋海景就在眼前。一景一物彷彿混沌初開，超想縱身躺在柔軟草原，感受天地悠悠靈氣。

若想要繼續往鵲子山主峰，會經過比人高的芒草堆，主峰視野較無展望，建議在東北峰賞景便可。

旅遊資訊

電話：(03)988-1311（礁溪鄉公所）
交通：從宜蘭往台九省道北宜公路開，於 58.9K 處左轉進入產業道路，循著圓通寺抵達寺廟前停車場，然後步行約 1 分鐘過水泥橋，右轉進入山徑往左上方向行走，即可抵達富士山翠綠草原。

來過一次保證愛上

跑馬古道

跑馬古道，一個幾乎是耳熟能詳的步道，但造訪宜蘭多次的我，卻壓根兒未想過要來此；直到有次民宿主人問我，是否去跑馬古道近距離看過震撼力十足的蘭陽平原美景，我才驚覺我錯過了什麼！

跑馬古道昔日為淡蘭古道的支線，亦稱為「淡蘭便道」，清光緒年間闢築，是先民往來新店礁溪的一條古道，也是當時貨物商業交易、民生物資運輸重要道路；日治時期更用來載運軍火；沿線架設枕木拉運、騎馬馳騁，也被稱為「跑馬」。

頭城鎮

礁溪鄉

員山鄉

壯圍鄉

上：陣頭電影：跟著我打……不是啦，是跟著我衝宜蘭啦！　下：跑馬古道人潮稀少，很清幽。

左：蜿蜒巨龍竟然是國道五號高速公路。　右：跑馬古道的能見度顛覆你的想像力。

　　從礁溪開車可抵達跑馬古道南側入口，平緩的路徑步道在森林中迂迴。步行五分鐘，便有開闊處可瞥見礁溪市景，再行五分鐘有戶民宅，此處地勢稍高，浩瀚蘭陽平原都在眼前，S形的國道五號如巨蛇盤旋佔領大地，還有一畝畝生機盎然的稻田、一間間田間小路的屋舍；小河蜿蜒穿梭鄉間田野，筆直的北迴鐵路、蘇花大山高低起伏的山稜、礁溪溫泉鄉的高樓大廈、凸出平原的大礁溪山脈，而龜山島虛無縹緲地浮現海中。昔日國小課本裡的蘭陽平原印象，突然間從眼前蹦跳出來，但卻也發現綠色稻田越來越少，取而代之的是一間間房子民宿，美好記憶彷彿正一點一滴消逝，或許因雪隧開通，造就了旅遊觀光發達，也讓我們省思，該如何善待這片土地。

　　整理一下這份淡淡憂愁，繼續徜徉跑馬古道山徑，感受思古幽情之美好，隨意伸開雙手便能擁抱蘭陽平原。只要走十分鐘，就有世界級景觀的古道，我和跑馬的相逢不算太晚。

旅遊資訊

電話：(03)978-0727（東北角暨宜蘭海岸國家風景區管理處大里站）
交通：國道五號下礁溪交流道後，左轉台九省道往礁溪，過了礁溪市區後右轉大忠路（宜2）往五峰旗，經過了德陽路，轉彎處有寫跑馬古道，右轉進入到底，便是跑馬古道礁溪入口。

走上 n 次都不厭煩

林美石磐步道

　　U 形峽谷，陡峭天梯，溪瀑成群，蒼鬱森林，林美石磐步道有著小太魯閣美名。坐落雪山山脈下的林美山，海拔約為 400 多公尺，山勢也較為平緩，步道入口沿著優美草湳湖而行。湖泊原本是灌溉農田用途，後來高爾夫球場成立後，搖身一變成為井然有序的綠色草坪。

　　步道行走方向是右去左回的 O 形環狀設計，總長約 2 公里，步行約 1.5 小時，坡度平緩易行，大人小孩都適合喔！

頭城鎮

礁溪鄉

員山鄉

壯圍鄉

上：林美石磐步道平緩好走。　下：觀景台上眺望草湳湖。

左上：峽谷地形，有些路段可下去親近水喔。　左下：石磐瀑布非常壯觀。　右：步道最受歡迎的路段，階梯非常高聳喔。

　　步行至 450 公尺左右會出現一個 U 形河道小峽谷，而在約 650 公尺處，溪流匯集成一個瀑布深潭。右側岩壁上闢建了臨崖木棧道，走在上面雙腳微微顫抖，高度拉升幅度相當高，遊客攝影師喜愛居高臨下取景，感受鬼斧神工之自然力量。

　　續往前行，可見一個 300 坪的超大巨岩，質地是堅硬的四稜砂岩，源源不絕的溪流水源，流經石壁巨磐，形成壯觀秀麗的瀑布，乃是石磐瀑布。

　　林美石磐步道，海拔雖不高，卻是夏季避暑聖地，步道入口右側有座木棧涼亭，居高臨下視野，可一睹蘭陽平原、碧綠草湳湖蹤跡。帶著美食來野餐，即便不走進步道，都是一種享受。

旅遊資訊

電話：(03)988-9041（林美社區）
交通：由礁溪市區行走台九省道往宜蘭方向，右轉宜 6 縣道往高爾夫球場及佛光大學的方向前進，沿途可見林美石磐步道指示，約 10 來分鐘即可抵達。

這裡是黃聲遠設計的唷

櫻花陵園

　　墓仔埔也敢去，真的不騙人，一路循著櫻花陵園指示，在蜿蜒山路上上下下，突然間一座詭異櫻花橋映入眼簾，建築構造不太符合力學。小心翼翼走入橋身內部，恍如奇幻三度空間，完美弧形的彎曲線條，似乎與地心引力對抗；牆面以清水模工法，一塊一塊水泥拼湊。步行其中，像是行走山林岩壁，真不得不佩服黃聲遠建築師的創意設計。

　　櫻花橋身下方，左右兩側皆可行走，右側眺望整片蘭陽平原，左側蓊鬱山林伴隨潺潺小溪，洋溢著寧靜神秘氣息。不說你可能不知道，櫻花

彷彿山壁的橋身，藝術建築美學，嘆為觀止。

旅遊資訊

地址：宜蘭縣礁溪鄉匏崙村匏杓崙路 139-1 號
電話：0963-220433

陵園海拔約 740 公尺，夏日也算是避暑，而且還是露營的熱門場地呢！不過，我還真不敢嘗試啊！

蘭嶼氣象台復刻板

佛光大學

旅遊資訊

地址：宜蘭縣礁溪鄉林美村林尾路 160 號
電話：(03)987-1000

　　呆坐在綠色草坪的石桌椅上，涼爽微風輕柔地吹拂臉龐，一陣慵懶睡意瞬間襲上。放眼望去是一望無際的蘭陽平原，蔚藍太平洋、龜山島在遠方遙遙揮手，彷彿蘭嶼氣象台的情景重現。最佳賞景地點位於佛光大學新蓋的懷恩館前，懷恩館狀似一個小巨蛋，前緣像是一片綠色葉子翩然落下，新潮造型相當符合蘭陽平原的建築多變化性。

　　夜幕低垂時，山下悄悄點燈，而這個假日晚上，竟只有寥寥可數的人上山，獨享難能可貴的寧靜時光。聰明的我先從宜蘭市區買了太平洋雞排、手搖飲料，在佛光大學的石桌椅區看夜景。最明顯便是左方山下礁溪市區，閃爍著七彩霓虹燈光，而右方山下的羅東市區特別明亮；沒有光害，抬頭便是滿天星光。望著點點漁舟出沒龜山島海域，這一晚的繽紛夜色，統統屬於我。

冒煙的石頭

　　天外飛來一顆太空隕石，畫破天際降落宜蘭礁溪，溫泉的氤氳霧氣迴盪在四周，宛如一顆會冒煙的石頭。老闆花了上億元商請宜蘭名建築師林憲慶，設計出清水模不規則石頭外型，打破了傳統建築的刻版禁錮。我常常想，當一個城市漸漸接受非正規的建築風格時，是不是代表這國家的思想更加活潑了呢？

　　「冒煙的石頭」外觀，鑲上好幾塊馬賽克玻璃，那都是房間的對外窗喔！強力推薦來這裡享受湯屋，泡湯浴池竟然是甜蜜愛心、可愛米奇的造型，非常浪漫！

頭城鎮

礁溪鄉

員山鄉

壯圍鄉

愛心、米奇造型的溫泉泡澡池，大人小孩情侶都會瘋狂尖叫吧。

左、中：下午茶的蛋糕是老闆老婆親手做的喔。　右：冒煙的溫泉瀑布，有創意。

每天下午，室內都會有溫泉瀑布表演，熱呼呼泉水從天而降，散發出虛無縹緲的霧氣，此時若在外頭觀看，就會發現石頭冒煙囉！

一樓有間米提亞果子舖，是老闆貼心為喜愛甜食的妻子而開，若是住在「冒煙的石頭」，則可在二樓半開放空間享用下午茶組合，享受獨一無二的溫泉洗禮，來這裡就對啦！

旅遊資訊

地址：宜蘭縣礁溪鄉信義路 34 巷 33 號
電話：(03) 988-5799

魯肉飯、魯味夭壽好吃

三民大飯店

旅遊資訊

地址：宜蘭縣礁溪鄉十六結路
103 之 2 號
電話：(03) 988-4675
時間：09：00 ～ 18：30，每週
二公休

早在媒體還沒報導前，宜蘭優勝美地民宿的主人，就跟我說礁溪鄉間小路有間很好吃的肉焿、魯肉飯，還有一鍋魯到入味的大腸、魯菜。小店之所以被稱為大飯店，是因為店裡沒有名字，來吃的在地人就說笑是飯店啦，這就是三民大飯店名稱由來。

雖只是一般小吃店家，卻擁有極佳手藝：魯肉飯的飯粒帶些濕黏口感，魯肉肥3瘦7的比例，必點！肉焿湯滿滿肉塊，湯頭色澤濃郁，比許多名店都還要好吃；魯大腸、蘭花干、豬腳、小腸、百頁豆腐，每樣都超入味，配著薑絲、香菜一起吃，沾上特製辣椒，真正是銷魂美味。店裡的今日例湯也很受歡迎，通常是大骨熬煮瓜子加上貢丸魚丸，很有媽媽的味道喔！

三民大飯店的老闆女兒很會認人，當我去過一次之後，第二次造訪時她就說「你是肉魯」。店裡有超多小菜種類，都料理得很屬害，一碗白飯、一碗乾麵，配上黑白切，真是最幸福的一餐啦！

左上：這鍋魯菜是招牌。　右上：肉焿料多到不行。　左下：灑上香菜很提味。　右下：豬腸湯腸子爆多。

龍潭春捲伯

　　這間 20 幾年的老店，在礁溪龍潭的鄉間小路飄香，每到下午，一堆人就站在路邊，不顧形象地吃著一包包美食。這裡蝦餅是用條狀紅蕃薯籤沾上麵糊，配上四、五隻海蝦下鍋油炸。仔細看才發現老闆是用菜刀挖餡料呢，超酷的。

　　炸出來的蝦餅像是被壓扁的蚵嗲，每份蝦餅幾乎都是現點現做，一口咬下外酥內軟，甜美地瓜的香氣混著海味鮮甜蝦香，口感真是完美組合。而排排站立的春捲，裡面是鮮翠多汁的滿滿韭菜。常聽有人說「來一組」，就是一口春捲一口蝦餅，你也來一份在地人的專屬下午茶吧！

老闆炸蝦餅過程很有趣。

旅遊資訊

地址：宜蘭縣礁溪鄉龍潭村育龍路 21 號
時間：13：30 ～ 17：00 或賣完為止，假日 11：00 開始營業
價位：蝦餅 20 元，春捲 15 元

無名烤肉攤

在礁溪想吃烤肉，阿和烤肉似乎是最佳選擇，不過在地好友跟我說，離阿和沒幾步路的這間無名烤肉更好吃。攤子寫著烤肉、魯味、香雞排幾個字樣，各式串燒整齊排滿，香氣也源源不絕傳出。仔細端倪一下客群，都是在地人耶！

我點了香菇、串燒、鹹酥雞，串燒烤得非常入味，香菇一口咬下滿滿湯汁，果然夠勁好吃。但這間無名烤肉攤常常休息，想吃也一樣要碰運氣喔！

食尚玩家也不知這間喔。

頭城鎮

礁溪鄉

員山鄉

壯圍鄉

旅遊資訊

地址：約略在宜蘭縣中山路二段 88 號的小十字路口
時間：19：30 ～凌晨

堅持手打的消暑冰品

秀蘭阿姨手工泡泡冰、挫冰

　　這間店，是「合盛66」的民宿主人律瑩帶我來吃的，她說我喜歡古早味，一定會愛上這攤賣很久的冰店。店裡賣著泡泡冰和挫冰，挫冰是秀蘭阿姨親手將料和冰攪拌均勻，非常獨特，讓我想起金味坊的老闆，也是堅持用這樣子的手法。秀蘭阿姨說這樣料與冰才會更相親相愛。

　　復古玻璃罐內擺滿鳳梨、花豆、李鹹、地瓜、芋頭等配料，客人點選後，阿姨在小盆子努力攪拌。我點的是鳳梨、芋頭、地瓜，吃下去是鳳梨清甜、芋頭綿密、地瓜軟甜的混合滋味，不會只吃到白色清冰，每口都讓人回味無窮。而任選兩種料的泡泡冰一杯只要３５元，可媲美基隆廟口夜市的美味呢！離開前帶上一碗邊吃邊走，真正過癮啦！

復古玻璃罐裝著配料，手打攪拌超用心。

旅遊資訊

地址：宜蘭縣礁溪鄉德陽村德陽路13號
電話：(03)988-3615

● 鄧伯花廊咖啡

崩山湖產業道路

五十溪戲水

溜界路

大湖路

湖前路

● 大湖冷泉
碳烤鮮魚

● 大湖風景
遊樂區

Chapter3
員山鄉

內城路

● 鐵牛力阿卡

● 香草菲菲

榮光路

員山路二段

員山路三段

湖山國小

望龍埤

杭山路

城城路

● 三輪車綿綿冰

同新路

茄苳路　　　　永同路

溫泉路

足輝路

泰山路

復興路

● 週四限定夜市

礁山路一段

大鬮路

相似度 100% 的御飯糰山

鐵牛力阿卡

御飯糰山，好炫！扳手啟動鐵牛車，好強！橫行鄉間小路囉，好酷！像太魯閣號搖搖晃晃，好晃！世界最小三合院，好小！百年水圳步道，好涼！300年茄苳大樹公，好老！內城的鐵牛力阿卡，超趣味！

本以為鐵牛力阿卡跟彰化芳苑動力鐵牛車相似，來到內城，才發現這裡採用的是翻耕農地用的古早兩輪耕耘機，後面連結一輛小棚子車，這奇特組合就是內城鐵牛力阿卡（力阿卡是日語的發音喔）。心裡一陣納悶：「這也能上路？怎麼發動啊？」

帶領我們的阿福導覽員，可是清大核工系高材生，為了人生理想來到宜蘭。看他拿著一隻小扳手，突然

自己的鐵牛車自己發動，我超賣力的。

看見三角形的御飯糰山了嗎？好想吃喔。

發狠使勁，然後車子就莫名其妙發出砰砰聲響，原來是透過高速轉動來發動引擎。我一時技癢也依樣畫葫蘆，兩次之後才成功，實在有夠好玩呢！

坐上左右搖晃的鐵牛車穿梭田園，感覺好奇妙，像回到光復初期農村社會。在兩山之間被夾擊的地勢如盆地，舊名為「內窪仔」、「內湖」，昔日僅能以河道連通宜蘭河，載運著農產品到宜蘭市販賣，至今仍有渡船頭遺址喔！

鐵牛力阿卡行走不久後，阿福就指著遠方說：「看見了嗎？御飯糰山！」隱約可見的三角山，跟早餐御飯糰形狀一模一樣，可愛俏皮到了極點。在路上遇到其他鐵牛力阿卡，車上裝飾囍字、金玉滿堂，喜氣洋洋情景，真像迎娶車隊呢。

鐵牛車依導覽行程不同，會行經三元宮、大樹公、渡船頭公園、太陽埤、防空洞、湧泉戲水公園。員山有許多日治時代防空洞，深邃黑暗洞穴，好想探險哩，希望未來可以整理，規劃成軍事坑道的觀光用途，保證超受歡迎啦。

鐵牛力阿卡都有一張農用車牌，像是38-10973，一台車最多坐六個人，坐在耕耘機鐵牛車上，砰砰聲音響徹淳樸鄉間，年齡彷彿反璞歸真了，像小時候在鄉下阿嬤家那樣自在悠閒呢。

婆婆媽媽阿公阿嬤大人小孩都愛搭乘。

旅遊資訊

地址： 三元宮（宜蘭縣員山鄉內城路393號）

電話： (03) 922-7001；0920-363597；0972-887739（內城社區發展協會）

收費方式：

90分鐘導覽，1人150元

120分鐘導覽，1人200元

180分鐘導覽，1人300元

※ 行程費用須滿30人以上才以人頭計費，每台鐵牛車可坐6人。

※ 未滿30人以車計費：90分鐘900元、120分鐘1200元。

在地人戲水秘境

五十溪戲水

被稱為「圳頭鴛鴦溪」的五十溪，是雙連埤下游的戲水秘境，亦是適合溯溪的初級場地。從台九省道 55.5K 處，下切右側小路會遇到小橋，往小橋左側穿越森林步行約 1 分鐘，可走到溪流旁，這裡有小深潭、小淺溪、小瑰石、小巨岩，自成一局的優美小峽谷。

淺溪處僅達腳踝高度，雙腳浸泡水中消去暑意，水中還有魚群愜意悠游。與三五好友拿起小石頭比賽打水漂，重溫小時候的美好時光。坐在岸邊聽著溪流聲，放眼望去一片翠綠世界，五十溪，讓人忘記憂愁之地。

旅遊資訊

交通：台九甲省道往雙連埤，55.5K 處右方小路下去就是五十溪。

水好冰涼喔，打一下水漂，一二三碰碰碰……成功啦。

香草菲菲

走進雪白夢幻國度，香草菲菲，彷彿電影《漫步在雲端》情節真實上演：洋溢幸福浪漫的天空步道，飄浮空中的公主花園城堡，紫色海豚花朵恣意綻放飄動，百年桂花樹飄香整個玻璃屋。我喜歡在非假日來這裡，倚靠在空中欄杆，看著蝴蝶飛舞，呼吸桂花香氣，像洗了一場香草SPA呢！

室內的雪白鋼架交錯，一眼看過去顯得相當壯觀，與上方的純潔藍天呼應，宛如希臘世界。走在清新的騰空步道上，繽紛花草夾道歡迎，亦如置身小小叢林。這裡也提供一些DIY活動，像是蝶古巴特DIY、手工皂手提袋、貓頭鷹和蝴蝶的香氛吊飾……等，快來香草菲菲徜徉白色香氛世界吧！

白雪公主漫步在雲端！

旅遊資訊

地址：宜蘭縣員山鄉內城村內城路650號
電話：(03) 933-4503
時間：天空步道開放 09：00～11：00、14：00～17：30
門票：每人100元，可抵消費。

望龍埤

百年前的一場山洪爆發，土石淤積形成了山中湖泊，這是當時居民的灌溉用水的重要來源。諺語曾說「雲從龍，風從虎」，因而取名為望龍埤，祈求多雲多雨，讓埤塘之水不缺乏。

面積四公頃大的望龍埤，潭水呈現碧綠色澤，宛如一面反射天地的明鏡，有座紅色九曲橋連接湖中小島，橋面迂迴曲折九彎。環湖步道上沒有欄杆，更能一親湖泊芳澤。鵝鴨在湖面悠游，畫出一道道漣漪，也不時大聲呱呱叫，迴盪整片翠綠山林。

森林裡種植許多落羽松、油桐花樹，每逢十一月，蕭瑟落羽松一片棕紅。四、五月時節，翩翩落下了桐花雪，洋溢著靜謐浪漫氣息，也難怪偶像劇《下一站，幸福》會來此拍攝呢！

許多鵝鴨呱呱叫，游來游去，真悠哉。

頭城鎮

礁溪鄉

員山鄉

壯圍鄉

74

左上：看見「雲從龍，風從虎」地形了嗎？
右上：浪漫的環湖落羽松步道。
右下：從飛龍步道看望龍埤，真像幅畫。

繞行湖泊一圈，需 20 幾分鐘，步道尾端有條飛龍步道，可以登高鳥瞰望龍埤全貌。上坡走了 10 幾分鐘，終於抵達觀景平台，遠山繚繞彷彿高山湖泊，湖水色澤因光線改變，時而碧綠時而綠黃。湖畔有幾間古厝三合院，令人恍若置身陶淵明筆下的桃花源。在望龍埤徜徉優雅純樸的湖光山色，來這裡慢活再適合不過了。

旅遊資訊

電話：(03) 923-1991
交通：從宜蘭市區沿著台九甲線直行，過新城橋後約 64K 處右側有一間 7-11，此時右轉直走同新路，經過慶安廟後即會看見望龍埤標誌，左轉進入即為望龍埤。

抹茶紅豆鬆餅必點

鄧伯花廊咖啡

　　「請問鄧伯在嗎？」鄧伯花廊咖啡的主人吳媽說，好多遊客來到這裡，都指明要找「鄧伯」呢！這裡的鄧伯指的是迎賓隧道的一串串紫色浪漫大鄧伯花，每年的六月到九月是它的盛開期，隨風搖曳的藍紫鈴鐺，垂落的花穗風鈴舞動著曼妙身姿，空氣飄盪著清新花香。鄧伯花的花語是一見鍾情，抗拒地心引力的花海綻放，就像是森林被施予了魔法般夢幻。

　　鄧伯花廊咖啡離望龍埤非常近，洋溢悠然自得的鄉村氣息，木頭紅磚搭建的自然農村環境，小精靈玩偶、歌仔戲曲、國劇臉譜擺滿角落，處處皆是驚喜；二三樓的挑高視野，舒適宜人的田園景觀映入眼簾，有幾個小躺椅，誘惑著遊客要適時慵懶一下。

這是小精靈的家嗎？

　　鄧伯花廊的咖啡、鬆餅更是令人驚豔，拿鐵咖啡的拉花繽紛有趣，電風扇轉動的幾何造型，可愛俏皮小熊的臉蛋，都是招牌拉花喔！抹茶紅豆鬆餅更是必點下午茶，抹茶紅豆與麵糊一起攪拌，烤出來的鬆餅外酥內軟，一口咬下是清新抹茶味道，偶爾吃到鬆軟紅豆內餡，美味口感絕對是宜蘭鬆餅界的第一把交椅啦！

　　午後時光，來到鄧伯花廊，保證賴著不想走了。

轉動風扇拉花、抹茶紅豆鬆餅，都好好吃。

旅遊資訊

地址：宜蘭縣員山鄉枕山村坡城路 69-9 號
電話：(03) 922-2000

G 餃子
2支
15元

週四限定夜市

　　其實，我真的不太常逛羅東夜市，只有下雨天我才會想去，因為遊客會少很多，想吃東西也不用排隊。後來發現在地人都會逛擺在馬路旁的流動夜市，那可是我小時候最愛的夜市型態耶！

　　每週四晚上，員山公園旁的巷子裡就會擺起鬧烘烘的夜市：三杯魯味先魯後炒，加入九層塔之後炒起來香氣逼人，滿一百元才可免費炒喲，炒完立刻就豪邁地蹲在路邊吃了起來；加蛋才 28 元的蔥油餅份量很

頭城鎮

礁溪鄉

員山鄉

壯圍鄉

左：夜市這樣賣可樂的方式，真有你的。　中：阿龍師很好聊，烤玉米粉好吃。
右：這種射飛鏢方式全台獨一無二。

大，是用比較少油去煎的那種；慈湖路的勇伯臭豆腐超有名氣，先炸然後沾醬去煎，炸得酥脆的臭豆腐還帶些濕潤軟嫩口感，超美味！

中藥土虱、燉排骨超多人排隊，豪邁排骨吃起來真過癮；自喻夜市人生的阿龍師燒烤，不論是山豬肉、山苦瓜、饅頭，樣樣都能拿來烤。夜市裡也有一些小遊戲：射飛鏢有獨特的規則玩法，把飛鏢射進紅色圓圈圈即可中獎唷。我隨口喊句：「我要噴火警車！」竟然就射中目

標，老闆直說：「太厲害了吧！」

對了，還有間賣可樂飲料的古早攤位，一個杯子 10 元，自己壓自己裝，裝到快溢出來的時候先偷偷喝一小口，再裝了一點，我就像回到小學一樣俏皮啦！

旅遊資訊

地址：宜蘭縣員山鄉員山路一段 322 號
時間：每週四 19：00 開始

阿伯挖冰超認真

三輪車綿綿冰

　　這間員山綿綿冰開了30幾年，是慧燈中學學生及在地人的回憶。老舊三輪攤車停靠在大樹下，大家喜歡站著吃或坐在樹下吃。冰桶一打開，洋溢花豆、花生淡淡香氣，只見阿伯用大湯匙豪邁挖冰，一直把杯子空間填到隆起，最後把冰往下用力擠壓成一個凹洞，再填上一些冰在上面。我心裡想：「冰也給太多了吧，真正揪感心……」

　　花豆冰味道濃郁，花生冰裡有小小顆粒，具備宜蘭沙地花生獨特香氣，吃下去都極為爽口，入口即化，口感綿密。這兩種口味是招牌，也有人偏好清冰、牛奶冰、百香果等口味。每次看見阿伯超努力超有誠意地挖冰，就覺得人情味十足呢！

沒吃過這麼好吃的花生冰。

頭城鎮

礁溪鄉

員山鄉

壯圍鄉

旅遊資訊

電話：宜蘭縣員山鄉枕山村枕山路50號對面

時間：08：00～17：30 或賣完為止

超鮮超好吃鹽烤鯛魚

旅遊資訊

地址：宜蘭縣員山鄉大湖路 134 號
電話：(03) 922-6172；0912-037482
時間：11：00～20：00

大湖冷泉碳烤鮮魚

　　平日中午，循著「烤福壽魚」的指示進入田間小路，車子彎來彎去，心想：「這什麼地方啊，一輛車都沒有。」結果一到店家外，人聲鼎沸，停車場爆滿，未免太誇張了吧，真的是巷仔內美食！

　　店家旁邊有一清澈溪流，山邊岩壁冷泉一直冒出，許多在地人開車來載回一桶一桶的水，都是要回去泡茶使用，他們說喝起來超甘甜呢！冷泉水裡有好多魚兒悠游，還能直接泡進水裡消暑，絲毫不輸蘇澳冷泉呢！

　　帶路的愛吃鬼是明水露民宿主人，他遠遠呼喚說：「快來，有位子了！」我們點了沾上鹽巴去烤的原味福壽魚、炒羊肉、脆皮肥腸。其實福壽魚就是吳郭魚，因大湖湧泉水質超棒，一上桌的福壽魚超大隻，鹽烤外皮已經剝開，魚肉好嫩絲毫沒有土味，擠上檸檬更是提味，難怪每桌都必點上一隻；炒羊肉也超下飯，脆皮肥腸酥脆沒腥味。這裡有道奇特的炒蕗蕎，吃起來像蔥花韭菜綜合版，這可是大湖特有的喔。有時間一定要來吃烤福壽魚！

美功路一段

美功路二段

吳記烤臘肉

大福路三段

大福路二段

Chapter4
壯圍鄉

壯濱路四段

壯濱路五段

過嶺爌肉飯糰

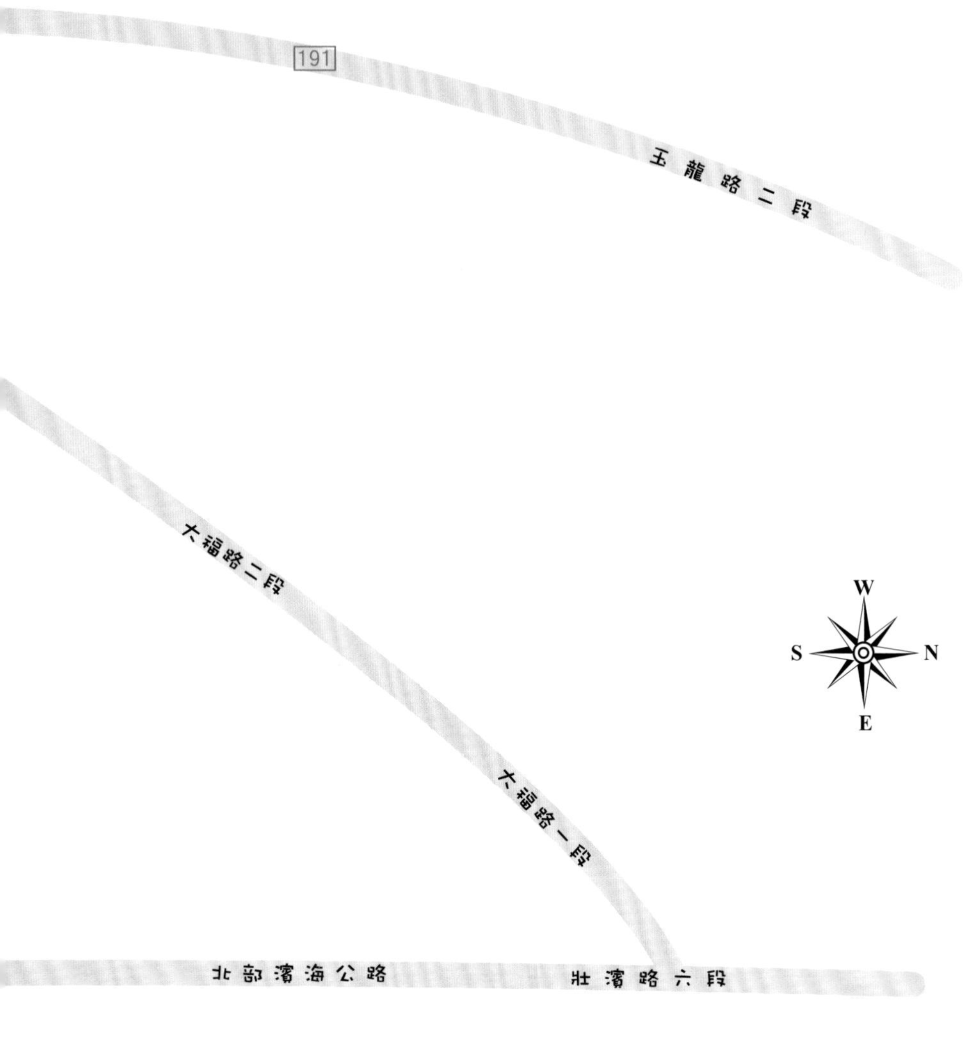

191

玉 龍 路 二 段

大 福 路 二 段

大 福 路 一 段

北 部 濱 海 公 路

壯 濱 路 六 段

W
S N
E

嗶！犯規，烤得太好吃啦

吳記烤臘肉
米腸包香腸

每到下午，這輛黑色小發財車前方，都有滿滿饕客排隊。炭火飄香的味道，讓來往車輛和行人紛紛張望尋找，原來是一間賣烤香腸、米腸、臘肉的店家。他們在烤香腸時，會用刀子旋轉輕切表皮，讓豬油稍微流出，烤米腸也會輕劃幾刀，讓炭香滲透入內。

米腸先加入切碎蒜頭、香菜及酸菜，再包入烤得油亮微焦的香腸，用塑膠袋包起來後再用紙袋包覆，費工耗時卻誠意十足。一口吃下，口中散發配料的鮮脆滋味，而香腸爆漿熱騰騰肉汁，大腸糯米粒瞬間吸吮湯汁，以上所述毫不誇張！而炭烤臘肉肥瘦比例約 3：7，肥肉部分很 Q 彈，沾上獨門辣醬，十分開胃，亦是必點啦！這間是合盛 66 男主人信佑帶我來吃的，一吃上癮成主顧。

旅遊資訊

地址：宜蘭縣壯圍鄉美功路一段 168 號
電話：0989-929160
時間：15：00～22：00

吃完一顆保證在吃一顆

過嶺爌肉飯糰

　　這間早餐小吃同樣也是合盛66民宿男主人信佑帶路，他說：「肉魯你100％一定會愛這味啦！」老闆竟然把魯到香噴噴的爌肉包進飯糰裡，還淋上一匙魯汁，但是卻一點也不油膩，像是吃著捲起來的爌肉飯。老闆當初會加入爌肉，是因為附近阿兵哥跟老闆建議，這樣吃起來比較有飽足感，也漸漸成為他們的特色了。

　　過嶺飯糰的豆漿是每日現磨，濃郁黃豆香喝起來很順口，他的蛋餅也煎得很酥脆。爌肉飯糰、豆漿、蛋餅各點一份，澎湃早餐超過癮。來到這裡會發現菜單上有很多10幾元、20幾元的價錢，是因為老闆不想一次漲5元，所以就依照成本慢慢調價，這樣客人也才比較能接受，是不是很佛心來著呢？偷偷跟大家說一件事，老闆竟然已經70幾歲了，看起來還比我年輕呢！老闆說人生保持樂觀開朗就會永遠年輕啦！

香噴噴爌肉魯鍋，煎到酥脆的蛋餅。

旅遊資訊

地址：宜蘭縣壯圍鄉過嶺村壯濱路三段 401 號
電話：(03) 930-1233

民族路

中神農路一段

羽二路樹口

清路

健康路三段　　●馬西的店

●火生麵店

神農路二段

舊城南路

中山路三段

健康路二段

蘭陽女中 ● ●通學步道

中山路二段

中山路二段

民權路一段

舊城東路

女中路二段

和睦路

宜興路一段

Chapter5
宜蘭市

🚄 宜蘭火車站

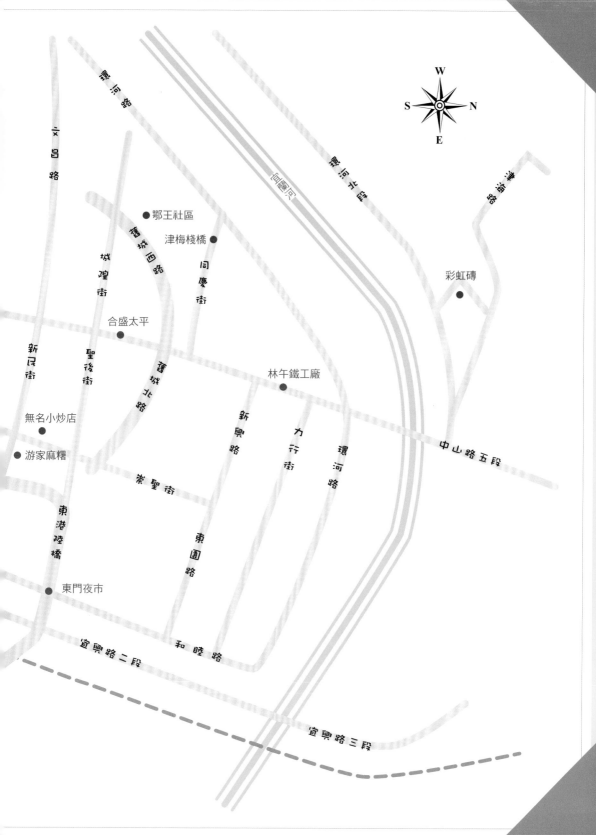

好辛苦好感人的傳統技藝

林午鐵工廠

宜蘭市

三星鄉

大同鄉

羅東鎮

「咚嗡……咚嗡……咚嗡……」震耳聲響從民宅傳出，彷彿是武俠小說裡的魔音傳腦絕招，但這聲音卻帶了些許旋律般的悅耳音調，走進去才發現一個一個閃閃發亮的金色銅鑼，有大有小擺滿各個角落，頓時以為會看到一位退隱山林的鑄鐵師——我幻想著布袋戲情節呢！

在林午鐵工廠裡，講話要超級大聲，因為轟隆聲響不絕於耳。宜蘭是北管故鄉，銅鑼正是北管主角，可惜製作銅鑼的傳統技藝幾乎快要失

傳。台灣製鑼歷史從第一代的林午師傅開始，第二代林烈旗師承林午技藝，讓林午大鑼的名聲響徹台灣，林午鐵工廠就這麼走過了一甲子歲月。

左：製作銅鑼非常辛苦，要忍受敲敲打打的巨大聲響。　右：比人還要大耶，大銅鑼上方邊緣，掛著一個超小銅鑼喔。

看著老師傅和年輕學徒，在製作銅鑼的過程中反覆敲打銅身，高分貝的聲音造成他們的聽覺些微受損，看了真有點於心不忍，卻也為他們的堅持傳承而敬佩不已。

工廠主人說，一個好的銅鑼，敲打起來聲音要清亮，不拖泥帶水，連續敲打時鑼音會綿延不絕。一面銅鑼包括主體鑼面、突起鑼臍、相接鑼邊，焊接的部分要拿厚重鎚子一直敲打直到密合。製作銅鑼有個很重要的過程叫「調音」，師傅在銅鑼上東敲西敲，聆聽音律，這可是不傳秘訣呢！

工廠門旁有個兩公尺高的超大銅鑼，上頭掛了一個超小銅鑼吊飾，兩相對比之下，後者就像被小叮噹縮小燈照到一樣。其實那個超小銅鑼是可以給客人 DIY 體驗的，看你想將一片銅片敲打成小銅鑼，或是直接買成品都可以喔！

「咚……咚……咚…」的銅鑼聲，渾厚力道宛如穿越時空的千年樂章，令人著迷不已。來到宜蘭，一定不能錯過林午鐵工廠，來看老師傅的巧手，欣賞一甲子的職人技藝吧！

旅遊資訊

地址：宜蘭縣宜蘭市中山路三段 310 號
電話：(03)932-2927
時間：週一至週日 10：00～17：00（週六、日請預先電洽預約）

栩栩如生石刻百工圖

鄂王社區

　　位於宜蘭河東岸的鄂王社區，有一條古時的「西門溝」貫穿宜蘭，為重要的經濟水運航線。清朝時，重要廟宇環聚，許多建廟工匠多居住於此，木雕、石刻、彩繪、畫磚、糊紙等傳統技藝的匠師多在此開業；然而歷經歲月無情洗禮，早已一間一間關門退休。如今，仍舊可見一些百工藝師堅持崗位，傳承百年手藝。

　　從舊城西路轉入光大巷，鏤空指引牌掛在電線杆，木雕地圖鑲了木頭、錫器、中藥缽等舊時匠藝，相當用心；轉角圍牆掛滿鑄鐵文字，敘述鄂王社區前世今生。轉個彎，又見到壯觀橘色牆面，由橘色瓦片拼湊而成，重現鄂王舊城傳家香的古時生

左：蘭陽古老地圖，西勢大溪水文分佈。　中：融合百工木錫器具的地圖，很用心。　右：窯燒紅磚拼貼的鄂王舊城意象。

左上：栩栩如生的百工圖，佩服石刻師傅的手藝。　右上：原來以前鄂王社區的算命行業很盛行。　左下：看到蒸碗粿，我肚子餓了，小孩躲在後面想偷吃。　右下：阿伯辛苦拖著木材的車子去販售。

活。坐落一旁的石刻百工圖，總計有一百多片石刻，充分展現行行出狀元的道地功夫。

　　栩栩如生的石刻圖案，有裁縫、米粉羹、烹煮魚丸、紅糟魷魚、貓耳朵、翻炒肉鬆、大木、小木、廚師、繡花鞋、算命仙、煮豆皮、曬麵線、炸油條、演傀儡戲、下田農夫等舊城行業，透過生動細膩石刻，重現匠師技藝，樣樣精采可是不容錯過。

　　穿梭巷弄彷彿誤闖迷宮，古意盎然的潘宅古厝、紅磚老厝、日式老宅，甚至還能見到古早理髮院，只要在戶外擺了一張椅子，披了一件披風，就能隨興地剪起頭髮。社區裡有座百年石砌古井，遊客可以拋下水桶體驗挑水樂趣。來到鄂王社區，宛如大稻埕電影，穿梭時光隧道，回到舊時宜蘭城。

旅遊資訊

地址：宜蘭市舊城西路111號（台灣電力公司旁的光大巷）
電　話：(03)955-3328；0919-903957（鄂王社區發展協會）

宜蘭也有彩繪社區耶

追尋彩虹磚

　　跳繩、抓魚、打陀螺、踢毽子、竹蜻蜓、玩水槍等童玩遊戲，透過繽紛塗鴉彩繪方式，在北津社區的老厝磚牆上重現。社區內的老舊圍牆漆成五顏六色，旅客可循著彩色箭頭的指引，彷彿是一場小小尋寶遊戲；牆上畫的田間小水圳、可愛小木橋、小魚群悠游、釣竿釣著魚，就像是小

以兒時童玩調皮搗蛋為主的彩繪，我小時候都這樣耶。

左：彩繪都是由社區居民協力完成的喔。　右：難得一見的連續十三目磚窯依舊保存。

時候回到鄉下外婆家的情景重現。快來追尋彩虹磚，尋找你的秘密基地吧！

　　北津社區的歷史源自於日據時代，日本人發現此地區的泥土Q黏有彈性，認為是製造磚塊的極佳原料，因而建造了一座連環十三目的傳統磚窯。當時磚頭需求量相當大，是台灣磚窯業飛黃騰達的全盛時期。

　　光復過後，混凝土興起，磚窯場一一沒落。津梅磚窯歷經世代演變，幸運地保存下來；最近一股彩繪風潮吹進了社區，志工帶領著當地耆老，追尋兒時美好記憶，透過彩繪，希望讓世人更了解北津社區。

　　男生女生都愛玩的趣味跳繩子、拿水槍偷偷噴同學的調皮行為、鋁罐做成的踩高蹺遊戲、男孩最愛的打彈珠、疊起土堆的懷舊炕窯、筷子橡皮筋手槍偷偷射人、帥氣踢毽子、拋繩打陀螺……等，印象深刻的童玩，一一浮現社區牆面，彷彿搭上時光機重返童年。

　　午後來到追尋彩虹磚社區，安靜得只聽得見腳步聲，走路也不禁躡手躡腳起來。這裡人潮不多，更能擁有悠然自得的愜意，轉角有間雜貨店，賣著古早零嘴。不騙你，真的踏入時光隧道了！

旅遊資訊

地址：宜蘭市津梅路3巷
電話：0935-185686；0935-682706（宜蘭磚窯北津社區文化工作室）

藏在橋下的漂浮步道

津梅棧橋

旅遊資訊

地址：宜蘭市同慶街 95 號，宜蘭社福大樓旁邊

電　話：(03) 955-3328；0919-903957（鄂王社區發展協會）

　　在宜蘭河畔，有著黃聲遠建築師的浪漫創意：宛如集合式住宅的社福大樓，鑲著紅磚牆面；二樓有條通往對岸的屋橋，隱身慶和橋下，名為津梅棧橋。橋體騰空地面高度約兩層樓，四周被鋼網包覆，充滿原始現代感，走在鏤空天空步道上相當驚險刺激。棧橋右側是整片綠意盎然的柔軟草坪，可看見宜蘭河一派優雅地緩緩流向太平洋。

　　棧橋上不時有單車行經，旅客還得側身閃過；途中有個西式划船練習設施，讓我想起冬山河划船場景。棧橋下，有好幾個迷你盪鞦韆，是重拾童趣的好去處。在這裡愜意散步，學習在地人的輕鬆悠閒。

左：上面車子經過時，走在這裡就好像地震。　右：棧橋下面可以盪鞦韆，好好玩。

宜蘭市

三星鄉

大同鄉

羅東鎮

小京都、小白宮異國風情

蘭陽女中通學步道

蘭陽女中的校門口前，有棟日式鬼瓦白色小屋，鑲著上下拉動的復古綠色窗戶；樹梢綠葉蔓延屋頂，屋簷修飾是一抹綠意，正面開了扇菱形透氣窗，這可是傳達室古蹟呢！一旁古意盎然的校門，建立於昭和 15 年；圍繞著女中兩旁，可是大師黃聲遠的有趣作品——綠色通學步道。

矮小籬笆行塑成恣意生長的樹苗草堆，綠意廊道小徑側看彷彿微微漂浮，人行道上可見桌椅檯燈，似乎提醒著時時閱讀的重要性，樹下還有

上：我好愛盪鞦韆喔。
中：這間就是小白宮。
下：帶本書來閱讀吧。

旅遊資訊

地址：宜蘭市女中路二段 355 號
電話：(03) 933-3819

幾個趣味盪鞦韆，宛如校外遊樂園。從步道上往校園內看，還能見到希臘神殿式小白宮，彌漫著異國情調。通學步道不長，卻處處是創意，帶本書，來樹下回味上學的樂趣吧！

合盛太平

　　紅翻天的金城武 4G 廣告「世界愈快心愈慢」，就是在我好友開的「合盛太平 café」拍攝取景的喔！這棟 80 幾年歷史的老房子，曾是第一任宜蘭市長陳金波執業的太平醫院及住家，好友在 80 幾歲陳老太太的同意下，翻修這棟老建築，合盛太平新生命於焉誕生，讓我們得以一窺彷彿時空凍結的老時光、老事物。

　　淡綠色系的掛號櫃檯、古意盎然的陶瓷開關、磨石子貝殼的牆壁、散發懷舊香氣的日式榻榻米、透露斑駁舊味道的木頭樓梯，廁所是白色磁磚黑色桶蓋，還有滑動木拴卡榫開關，看來即使歲月時光奔流，合盛太平絲毫不受影響呢！

　　我的宜蘭好友葉訪，在廚房掌管廚藝。他融合來自喜拉朵早餐的創意，完成的手作香腸拼盤令人驚豔；歐姆蛋捲裹著火腿香腸培根起司，色香味俱全，這裡更有許多自家烘焙的甜點、鹹派喔！徜徉金城武的心慢時光，感受太平盛世的時代氛圍吧。

左：昔日醫院的掛號櫃檯。　中：份量足夠美味的餐點。　右：人臉電話真逗趣。

旅遊資訊

地址：宜蘭市中山路三段 145 號
電話：(03) 936-0060

　　金城武的 4G 廣告在二樓拍的啦。

嘟好燒、龍鳳腿必吃

東門夜市

炸得金黃酥脆。

大部分的遊客其實不太知道宜蘭有個東門夜市，這裡人潮比羅東夜市少很多。夜市隱身陸橋下方，轉角處有間嘟好燒老店，麵糊裹著綿密紅豆下鍋油炸，香酥滋味入口即化。老闆收藏許多早期鈔票錢幣，像中央銀行曾發行過的五十萬元紙鈔，都放在攤子裡展示，彷彿是文物大展。

嘟好燒旁有間 30 年老店炸物，龍鳳腿 2 隻 10 元，雞排一份 10 元，雞肉串 2 串 10 元，份量雖不大卻炸到極酥，便宜美味，深受在地人喜愛。

旅遊資訊

地址：宜蘭市聖後街和和睦街交叉路口
電話：0933-242981（嘟好燒）

左：人氣點心嘟好燒。　中：好像地瓜球呢。
右：2 串 10 元，沒看錯吧！？

吳淡如超愛的在地麵店

火生麵店

旅遊資訊

地址：宜蘭市神農路二段3號
時間：每週四至週二 08：30～
20：30，週三公休

　　有次入住宜蘭市區的小藍屋民宿，有張密密麻麻小吃地圖，因此跑去吃了這間火生麵店，事後淡如姐跟我說這間是她從小吃到大的麵攤。點了一碗麻醬麵，豆乾炸、嘴邊肉小菜，配上餛飩湯，吃麵配小菜，是我覺得最幸福的平民餐點。

　　麻醬麵香氣濃郁，獨特豆乾炸，一切為二，沾上橘色醬汁，口感介於豆干、炸豆腐之間，不會過乾，嘴邊肉軟嫩無腥味，餛飩湯超級多顆，大骨湯頭很香郁，火生麵店是低調老店，巷仔內美味。

宜蘭市

三星鄉

大同鄉

羅東鎮

左：我超愛豆乾炸。　中：嘴邊肉好嫩。　右：賣的種類超級多樣。

涼拌荷包蛋是招牌唷

馬西的店

旅遊資訊

地址：宜蘭市健康路三段 66 號
電話：(03) 931-4119
時間：17：00 ～ 24：00，每月第
二週和第四週的星期四公休

馬西的店，是一間深受在地人喜愛的小炒店，入夜後總是滿滿人潮，菜單價位落在 120 ～ 250 元不等。涼拌荷包蛋是店裡的招牌菜，煎到表皮酥脆的蛋，鋪在洋蔥、小黃瓜沙拉上，再撒上香菜，淋上泰式微微酸辣醬汁，吃起來清爽可口，真是佩服老闆創意呢！

鹹酥龍珠、海瓜子、烤魚下巴、炒飯都是有口碑的菜餚，其他多達百種菜色讓人目不暇給。我之所以知道這間店，是因為有一次「庄腳所在」民宿的主人吳媽約吃飯，才認識了這間道地的熱炒小店，後來更發現，原來礁溪碗公無菜單料理的馬西老闆，就是涼拌荷包蛋的創始人啦！

左：涼拌荷包蛋好專業。　右：在地人超愛的小炒店喔。

無意發現，超邪惡的深夜食堂

無名小炒店

旅遊資訊

地址：宜蘭市崇聖街 73 號旁

時間：17：30～24：00

熟客才知的隱藏版。

來到超級邪惡的在地人深夜食堂，點了招牌炒米粉、炒螺肉、炒羊肉、炒大腸、鹹嗆蝦、蛤蜊湯，外加一份菜單沒有寫，老饕才知的美味鹹酥花枝。這間無名小炒店，老闆常常放假，可要碰運氣才吃得到呢！

這間小炒店是「合盛66」民宿男主人信佑極力推薦，晚上10點多才找我來吃，真的是要肥死我哩！每道菜都炒得十分入味，超級下飯。這裡的皮蛋吃法很趣味，客人自己拿桌上的關渡皮蛋，剝殼後不沾醬直接吃，非常古早味。夜深了，快來深夜食堂吃頓消夜吧！

宜蘭市
三星鄉
大同鄉
羅東鎮

左上：炒羊肉，超下飯。　右上：鹹嗆蝦，好鮮喔。　左下：空心菜，好會炒。　右下：蛤蠣湯，好多料。

百年傳承、日式風味

游家麻糬米糕

旅遊資訊

地址：宜蘭市新民路 100 巷 9 號
電話：(03) 936-4929；0918-503069
時間：07：30 ～ 11：00 或賣完為止

　　游家麻糬由上上上一輩的游金木老先生獨創口味，傳承到現在已經將近百年歷史。小攤擺上搗麻糬的木桶，洋溢古早日式風味；裡面放著幾包米糕，採用握壽司手法捏製，有五種口味可選。古早味的麻糬米糕，裡面包著一半米糕，一半麻糬，再加入綠豆泥，口感獨特，很有飽足感；抹茶紅豆麻糬則是將紅豆泥餡料捲進麻糬裡，吃起來很軟Q，紅豆泥也不會甜膩。即便已經傳到第四代，依舊堅持品質完美，每日當天現做，產量不多。可惜夏天炎熱，2014 年的 9 月 1 日才會開始賣喔！

左：現點現捏，很用心。　　中：抹茶紅豆，好繽紛。　　右：口感好軟Q，好吃。

Chapter6
三星鄉

蔥仔寮
體驗農場

福山街　東興路

東興路　福山街　三星路七段　7丙　三星路五段

三星路八段

梨緣農場

拳頭姆
步道

大洲國小

大洲肉羹

古色古香肉粽

上 將 路 三 段　196

健
富
道
路

196

中
山
路

東西十二路　張公園
　　　　　　親水公園

安農溪泛舟

健
富
道
路
一
段

白雪冰店

三 星 路 四 段　　　三 星 路 二 段　7丙　羅 天 公 路

阿川米糕

三星蔥，節氣農忙

只要提到蔥，很難不想起聞名全台的三星蔥。在三星田野的鄉間小路裡，常常見到一台台農地搬運車發出「氣嗆氣嗆」的聲響，載著一捲捲壯觀的曬乾稻草捲穿梭，本以為是要載去給牛群吃，後來才知這可是種植三星蔥的絕佳利器呢！

想種出美味的蔥，排水設計必須良好，所以在種蔥前，農夫必須先挖出一排排夠高的土堆，再把一捲捲稻草鋪蓋在土壤上方，防止雜草長出來，然後才在上方種植三星蔥。

三星蔥有四種品種，大憨、二憨、小憨、黑葉，所以不同的土堆上會插著牌子，詳細記載種植的日期和品種。每年從二月開始種，兩到四個月的時間便能採收，依序從小憨、二憨、大憨、黑葉開始採收，口感嫩度各有特性。農夫阿伯說：「種蔥很辛苦，很怕水、怕颱風，還好夏天的蔥

載著一捆一捆稻草的農用車。

本來就比較沒那麼好吃，價錢也不像冬天那麼水（漂亮），這也是上天自然調節的一環！」

雖然一年四季都有產三星蔥，但因為蔥喜歡 10～25 度的氣溫，所以 5～8 月收成的蔥，吃起來口感比較粗、比較辛辣；而冬天的蔥吃起來清甜不嗆辣，價錢也非常的棒！

不管天氣是否晴還是雨，三星田園裡總有農夫默默地努力耕種，即便稻草讓身體發癢，他們還是堅守種蔥崗位。下次路過三星，看見這些農夫，別忘了給予他們一個鼓勵喔！

同場加映　　**原來這就是名副其實的「蔥花」**

蔥花花海

美麗繡球花綿亙綠色田園，宛如一團一團的幸福棉花糖，竟是行健有機村的三星蔥開花奇景。據說開過花的蔥口感較堅硬，沒開過花的會比較好吃。在三星蔥園裡，一根一根翠綠三星蔥，頂端長了淺綠白色花穗，遠遠看像是銅鑼杭菊花海，更似外太空奇特植物；偶爾可見蜜蜂飛舞，不知是否正要採蔥花蜜呢？

從路上看過去，數十條蔥花田埂綿延，名副其實的蔥花花海；遠山繚繞、青山蓊鬱，三兩屋舍散落田野，秘境落羽松一路相隨，在三星鄉間小路亂逛，總有驚喜呢！每年四、五月，來尋蔥花海吧！

上：原來真正蔥花是這樣。
下：蔥花花海彷彿下雪了。

旅遊資訊

交通：台七丙省道從羅東往三星方向，約 16.8K 處右轉，過田心橋後左轉，左側是一片私房落羽松秘境，而右側便是蔥花花海。

自己的蔥油餅自己揉

蔥仔寮體驗農場

宜蘭市

三星鄉

大同鄉

羅東鎮

來體驗偷拔蔥滋味……啊！講錯了，是來當一日小農夫啦！偷拔蔥是台語俗語「偷拔蔥，嫁好尪」，因為蔥與尪諧音類似，以前為了祈求嫁到好丈夫，可得在元宵節夜晚偷偷挽蔥呢！

來到蔥仔寮，戴上斗笠、走在田埂，在軟爛的泥巴田裡彎腰拔蔥，輕輕一使勁便是一把蔥，瞬間田間濃郁蔥香四溢。拔完後回到小水池旁，來回沖洗蔥的根部泥土。每個人可帶回一斤的自採三星蔥唷！

左：拔蔥好輕鬆喔。
右：兩小無猜洗蔥，好甜蜜。

左：我是阿基魯！？　右上：捲成蝸牛狀的蔥油餅。　右下：口水直流，好香的蔥油餅。

　　洗完了蔥，還沒完呢，繼續體驗蔥油餅DIY。麵糰已經發酵好了，只需擀成長條狀，加入滿滿蔥花，再像蝸牛一樣捲起來壓平。有的人擀到破皮漏餡，有的專業完美，有的自創愛心形狀，一下鍋嗞嗞作響，煎到兩面金黃、表皮酥脆就好啦，自己撒上胡椒鹽、抹上醬油膏，一口咬下還會燙舌，口感完全不輸三星市區名店耶，真是佩服自己功力！

　　來蔥仔寮拔蔥、洗蔥、做蔥油餅，體驗當農夫、廚師的辛苦樂趣，親子檔或朋友們來玩都很適合唷！

旅遊資訊

地址：宜蘭縣三星鄉天福村東興路13號之2
電話：0937-995104
費用：採蔥洗蔥（蔥可帶回約一斤）＋蔥油餅DIY：200元，僅體驗一項各100元。

比臉還大的上將梨

梨緣梨園

　　梨緣農場裡有著比臉還要大的三星上將梨，一口咬下還會爆汁！梨緣是通過吉園圃認證及無農藥殘留檢驗的農場，主人古鳳秋堅持梨子要在安全無毒的種植環境和過程中成熟長大。七月是梨子的盛產期，農場偶爾會開放限量採果。主人說上將梨分為豐水梨、黃金梨、幸水梨三種，一般市面上都是豐水梨，因為賣相好、產量多；而黃金梨長得很醜，卻是身價最貴；幸水梨的保存期限較短，雖然鮮甜多汁，卻不是市場主力。

　　這次採果體驗，一個人可採三顆，主人說採到大顆就算你幸運，採到小顆也不會吃虧，因為保證還是比市面上大顆啦！在採果的時候要再三確認，一來是因為梨子的枝幹很粗，千萬不要剪到自己的手指，二來是不要挑錯紙袋，把還沒成熟的黃金梨剪下來了。

　　朋友們開始發揮眼觀八方的功力，但是梨子都一包包的裝在袋子裡，難以辨認大小，真的是碰運氣呢！結果有人剪到雙胞胎，有人剪到三胞胎，顆顆都是晶瑩剔透、水分飽滿，甚至有的梨子比我的臉還要大！

左：用這隻來剪梨子。　右：梨農採梨很辛苦。

我卻聽從損友建議，剪到一包疑似內含超大顆梨子的黃金梨，瞬間大家鴉雀無聲，心想：「肉魯你害啊……老闆有講你沒在聽！」沒想到古老闆說：「沒關係啦，當作機會教育，黃金梨就送你吧！繼續採……」大家可要當心，不要像我一樣剪錯喔！

　　上將梨是三星特產，我們參觀過梨緣農場，更加確信他的品質，有一次我還在梨緣的攤位遇到讀者來採買呢！其實每年的一、二月，三星上將梨樹會開滿白色花朵，每朵梨花都撐著透明小傘，這是果農為了防止花苞被雨打爛而做的防護措施，可真蔚為奇觀呢！

看過上將梨的傘花海嗎？

旅遊資訊

地址：宜蘭縣三星鄉三星路六段 6 號
電話：(03) 989-3055；0932-234523

不受下雨影響的泛舟喔

安農溪泛舟

安農溪本名為電火溪，日治時期，日本人建造了水力發電廠，截流蘭陽溪上游的水，發電後的尾水道便是安農溪，也用來灌溉農田之用。安農溪全長約 20 公里，泛舟路段是由三星天山村下湖橋至張公園親水公園，約 10 公里長度，泛舟時間約 2 小時。

比起花蓮秀姑巒溪，安農溪泛舟算是小家碧玉，但這裡不受天氣影響，即便下大雨也能盡情泛舟。我們

泛舟航道不會很寬，
水流很湍急喔。

換了裝穿起救生衣，由小貨車接駁到起點就直接下水啦！一開始河道很窄，突然間又變得寬闊，溪流非常湍急，我們幾乎都不用划，船就會自己滑行。沿途穿越了綠野稻田，感受相當奇妙。

宜蘭市

三星鄉

大同鄉

羅東鎮

左：40度長斜坡滑水道，刺激。　右：我的朋友一臉驚嚇耶。

　　忽然教練大喊：「快收槳！抓緊繩子，重心壓低靠內……」原來是要行經一處落差極大的堰堤，船體像自由落體般掉落約一兩公尺的高度；耳邊的尖叫聲還沒停，教練又指著遠方一個坡度約40度的超長斜坡滑水道說：「我們要從那個水道划下去！」大家的心情high到不行，簡直就像是在玩六福村的火山歷險滑水道！泛舟快到尾聲的時候，別忘了偷偷划向其他船艇，潑水襲擊對方，這可是泛舟一定要的啦！

　　安農溪泛舟約兩個小時，說快不快、說長不長，讓人意猶未盡。炎炎夏日來玩非常消暑，在河道上穿梭阡陌田園，保證這種經驗是獨一無二！安農溪泛舟沒有像花蓮泛舟那麼累，卻能擁有相同的泛舟樂趣喔！

旅遊資訊

泛舟報到處：三星鄉張公圍親水公園
報到處電話：(03)989-9977
報到處交通：從羅東沿著台七丙省道往三星，約在17.5K處右轉，過了健隱橋後右轉直行，即可抵達泛舟報到處。
泛舟費用：650元／人
泛舟時間：早上9點或下午1點放船
報名流程：
1. 事先打電話預約泛舟(03)989-5566，告知泛舟日期、時段、人數。
2. 傳真或mail泛舟報名表。(從網站下載報名表)
3. 預付訂金每人200元(因事未參加或延誤時間，每人需補償業務損失200元)。

拳頭姆步道

宜蘭市

三星鄉

大同鄉

羅東鎮

　　記得我去走拳頭姆步道的時候，前一天剛完成聖母山莊國家步道的壯舉，一早醒來小腿還在抽筋狀態，就接到「明水露」民宿主人的電話：「待會走拳頭姆，快過來！」

　　從三星卜肉到拳頭姆步道僅需1分鐘車程。我們到了步道入口，看見可愛的超大拳頭，彷彿是為我們打氣加油。步道之所以名為拳頭姆，是因山形似拳頭而得名，環形步道總長約1.6公里，前段以碎石子鋪設，森林滿佈茂密烏心石人造林，林相地上滿滿蕨類，放眼盡是一片怡然自得的翠綠，像是闖入侏儸紀時代的美麗錯覺。

　　約走300公尺，即可抵達觀景

左：拳頭入口意象。　右：遠眺三星鄉田野風光。

右上：是泰雅大橋耶。　中：像阿凡達森林。
右下：溪頭就是這樣耶。

平台，瞭望三星鄉田園景致，天氣好時，視野可達羅東市鎮、太平洋海景。而到了 800 公尺處的觀景平台，可一睹昔日蘭陽八景「沙湳秋水」，亦是蘭陽溪出山谷處，遠方泰雅大橋如靈蛇盤旋，堤岸旁阡陌縱橫，天氣雖起了濛霧，但美景讓人迷戀沉醉。

　　續行步道，宛如置身溪頭，漫步在參天森林中，不時聽聞鳥聲蟲鳴，還有白頭翁吟唱樂音，大捲尾的「嘎ㄍㄧㄡ」聲，褐頭鷦鶯趣味的「氣死你得賠」叫聲。到了步道 1.2K 處的雀榕平台，一株大葉雀榕盡情伸展枝葉，有著阿凡達森林的氣勢。我在這裡閉目養神，盡情吸納芬多精精華。不管平假日，拳頭姆步道人潮少得可憐，大家應該都努力吃著卜肉和蔥油餅吧，吃飽後不妨來感受掌中秘境小溪頭的魅力吧！

旅遊資訊

電話：(03)954-5114（羅東林管處）
交通：宜蘭縣三星鄉天送埤台七丙線 9.5K 處

三星路邊飄香粽子必吃

古色古香肉粽

　　每次往返三星羅東，我總會走196縣道，路上有間古色古香肉粽老店，與羅東火車站前三角窗的肉粽老店是同一個老闆。我每次經過都看到門口停滿車，看來大家都像我一樣，喜歡進來吃顆肉粽，順便打包一串當成伴手禮，洋溢著濃濃端午節氣氛。

　　老闆之所以回到三星開店，是因三星水質好，種植出來的糯米比較香Q，肉粽裡只包著豬胛心肉和香菇，粽葉選用麻竹葉，並且採用北部粽方式來蒸。麻竹葉比較透氣，在蒸的過程中肉粽油脂會滲透出來，吃起來不油膩喔！店內擺了許多木頭家具，散發淡淡檜木香氣，更為肉粽增添幾分古早氣息。

現點現吃超過癮。

宜蘭市

三星鄉

大同鄉

羅東鎮

旅遊資訊

地址：宜蘭縣三星鄉上將路五段 67 巷 21 號
電話：(03) 989-7317；0937-523435

營業時間　溫　肉魷水陽乾餛豬魯台
早上5:00　泉　　魚　　　　飩血肉南
下午2:00　魯　　魚春　　　　　　意
　　　　　蛋　糕糕餃麵麵湯湯飯麵

首次曝光的在地人氣小吃

大洲肉羹

旅遊資訊

地址：宜蘭縣三星鄉大洲村上將路二段
475 號（大洲國小對面）
時間：07：00 ～ 14：00 或賣完為止

大洲肉羹位於大洲國小對面，中午人潮眾多，可見許多附近的工人來吃，所以來晚了可就吃不到啦！仔細觀察店內會發現賣的東西跟礁溪三民大飯店類似，肉羹裡有滿滿肉塊，料理得很乾淨，吃起來很扎實；魯肉飯的魯汁也相當下飯。來這裡一定要點些小菜，溫泉蛋切成兩半，帶著金黃色澤，吃起來蛋黃微微黏牙，蛋香四溢；魯豆腐ㄅㄨㄞ　ㄅㄨㄞ搖晃，魯得相當入味，豆腐入口非常軟嫩，超推薦！另外還有雞爪、鴨賞、螺肉等小菜，料理手藝非凡。這間大洲肉羹在當地開了 20 幾年，我某次無意間經過才發現，之後推薦給許多民宿主人，大家都一試成主顧喔！

肉羹讓人豎起大拇指。

魯豆腐、溫泉魯蛋等小菜必點。

旅遊資訊
地址：宜蘭縣三星鄉中山路 2 之 2 號
電話：(03) 989-4204

三星市場隱藏版早餐

阿川米糕、魚丸米粉

阿川伯以手工攪拌整鍋米糕，用老舊竹簍篩著微粗米粉。當客人上門時，就挖出一碗米糕，淋上肉燥和濃稠獨門醬汁，加入熬煮一晚上的豬骨高湯、三星蒜製作的油蔥酥、南方澳魚漿捏成的魚丸，這才完成這一碗香氣四溢的魚丸米粉。

每天天色還沒亮，阿川伯父子倆就早早起床忙碌，讓早起務農的三星居民能夠吃到熱騰騰的台式早餐。太陽一露臉，才剛照亮門口斑駁的招牌，店裡就湧入滿滿人潮。一碗米糕配上魚丸米粉，代表一天活力滿滿的開始。老闆手上舀裝的動作從未停過，這間陪伴三星人四十幾個年頭的阿川米糕，是我的最愛。

宜蘭市

三星鄉

大同鄉

羅東鎮

左：自己捏的魚丸。　中：每次來我都吃兩碗米糕。　右：我肚子餓了。

媲美黑店冰店的百年冰店
白雪冰店

三星市場裡，藏了一間 80 年歷史的白雪冰店，賣的是一球一球的古早味綿綿冰。招牌的懷念清冰，加入懷舊香蕉油，散發淡淡清香滋味；花生冰香氣濃郁，一點也不輸基隆廟口綿綿冰；鳳梨冰味道清新爽口。客人可以一次點很多種混合，不過芝麻冰顏色是黑的，會把其他冰弄得髒髒的，但還是很有趣味性啦！老冰店也有研發新創意，像是煉乳、草莓、紅豆的巧妙搭配，在地人都說這是媲美宜蘭黑店冰店的三星黑店啦！

旅遊資訊

地址：宜蘭縣三星鄉中山路 12 之 2 號
電話：(03)989-3530
時間：07：00 ～ 18：00

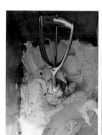

左：用把舖挖冰喔。　中：自己來配色吧。　右：花生芝麻清冰。

Chapter 7
大同鄉

排骨溪戲水 ●　北部橫貫公路

7

北部橫貫公路

7

泰雅路三段

● 棲蘭

中橫公路宜蘭支線　7甲

翠峰湖 ●

太平山國家
森林遊樂區 ●

崙埤部落野溪

松羅國家步道

大同國小

大同鄉公所

松羅南巷

英山路三段

7

九寮溪步道　北部橫貫公路　泰雅路一段

台灣中油

北部橫貫公路

泰雅路二段

W　N

S　E

夢幻指數破表的楓紅小徑

太平山莊——紫槭葉小徑

　　春天已過楓紅時節，卻在太平山上乍見火紅楓形樹葉，交織成一條紫紅隧道，難道是氣候異常嗎？原來這是跟楓葉極相似的紫槭葉，每年4月開始從綠色轉紅，直到10月才漸漸褪去風華。這條賞槭小徑就位於太平山莊的中央階梯兩側喔！

　　每當紫槭葉開始冒新芽時，手掌大小的深紫色樹葉佈滿樹梢，仰望槭葉，只見一片豔紅，陽光透射下來，更顯得紅得發紫發亮。在小徑上徐步漫走，盡享涼風緩緩吹送，時有紅槭飄落，彷彿徜徉日本東北。不如帶本喜愛的書坐在階梯，抑或靜靜坐著發呆，真像是偶像劇中的畫面呢！

　　秋天追楓紅有些人擠人，春夏賞楓才過癮，快來平凡卻迷人的紫槭葉小徑，盡享浪漫唯美氣氛！

夢幻浪漫的槭紅國度。

台灣最迷人的山林雪景

雪白銀色太平山

　　每當超強寒流來襲，水氣充足又冷得要命，位於三星的「明水露」民宿老闆就會打給我說：「今晚來住我家，明天衝太平山賞雪！」玉山、合歡山下雪似乎不稀奇，能夠在太平山賞到雪，算是三生有幸。

　　所以一下雪，我們就趕緊開車上山，小心翼翼地行走於鐵杉林步道，還有鋪滿白雪的木棧道。突然雪融滑落，漫天雪花灑落，一陣涼意直達心頭，非常過癮！原先綠意盎然的山林成了冰霰霧淞的銀色世界，可是一幅千載難逢的奇景喔！

旅遊資訊

太平山國家森林遊樂區
電話：(03) 980-9806
地點：太平山遊客中心旁的中央階梯
季節：4 月～ 10 月
注意事項：通常太平山會在凌晨下雪，因為山莊房客退房需要下山，鏟雪車通常會在早上 8 點前把山路積雪剷除，出發前記得詢問一下太平山莊。

日出媲美阿里山的高山湖泊

翠峰湖

　　常聽人提及「翠峰湖」這名稱，卻沒有很多人造訪過，也因此翠峰湖的寧靜氛圍才得以維持。這裡海拔約 1840 公尺，湖畔有太平山、大元山脈、白木原始林環繞，夏季溫度通常只有 10 幾度，是宜蘭最佳避暑聖地；冬季常有過冬候鳥停留，常可見恩愛鴛鴦戲水情景。

　　翠峰湖有條環山步道，曾是早期用來運送木材的森林鐵路，坡度平緩、林相茂密，設有木棧道及鐵軌遺跡，只需 10 幾分鐘路程便能抵達觀景平台。這裡曾是知名飲料廣告的拍攝現場，登高望遠一睹圓滾葫蘆形狀的夢幻之湖，時而雲霧籠罩，時而撥雲見日，矜持的樣子像是唐代詩人白

環山步道詳細的地圖指引。

左上：觀湖平台很貼近翠峰湖喔。　左下：雲霧飄渺好迷人。　右：檢查哨壯觀的廢棄紅檜。

居易筆下的害羞女子，「千呼萬喚始出來，猶抱琵琶半遮面」。

　　來到翠峰湖記得自備點心，以藍天為幕、大地為席，來一場小確幸的森林野餐，保證羨煞許多人。午後，恣意找個階梯坐下，靠著欄杆，閉眼感受霧氣輕拂的自在愜意，真是讓人不想離去。

　　與環山步道遙遙相對的是鄰近停車場的觀湖平台，從停車場步行約兩到三分鐘即可抵達，提供了不同角度欣賞翠峰湖美景。若從環山步道續行可環繞翠峰湖一圈，接到停車場的觀湖平台，步行約 2 個小時。如果住在太平山莊或翠峰山莊，凌晨四、五點的翠峰湖日出，可是媲美阿里山日出喔！

旅遊資訊

太平山國家森林遊樂區
電話：(03) 980-9806
交通：從宜蘭市走七號省道行經員山、大同加油站、棲蘭森林遊樂區，過家源橋後左轉，接到宜專一線往太平山，約 23K 處左轉進入翠峰林道，即可抵達翠峰湖。

在地人戲水秘境

排骨溪戲水

宜蘭市

三星鄉

大同鄉

羅東鎮

　　崇山峻嶺的北橫公路裡，有條奔流山谷溪澗的湛藍溪流，可是當地人的戲水秘境，它就是排骨溪。溪裡有時會冒出裊裊白煙，那可是隱藏峽谷裡的排骨溪溫泉喔，不過這次我是來泡冷泉，不泡溫泉啦！

　　溪谷間有一座吊橋，優雅地橫跨溪流上，橋身鑲上桃子、柑橘、溫泉、搗米等可愛意象。過了吊橋續往前行約一百多公尺是步道盡頭，右側下方有條小徑，走十來公尺即可下切到溪谷。

排骨溪吊橋上面有好多可愛圖案。

水深只到我的胸部，好多魚兒悠游，清澈溪水好清涼啊。

只見一池閃亮透藍的深潭，高度目測約兩米深；溪水清澈見底，泛著透亮螢光綠，還可見一閃一閃悠游的苦花，許多小魚成群遨遊其中。排骨溪溪水溫度宛如冷泉，透心涼意直衝腦門；水底石子閃著金黃光芒，不知是否為野溪溫泉造成。小深潭上有塊巨石平台，非常適合坐在上面光著腳丫泡腳，彷彿是蘇澳冷泉野溪版呢！炎炎夏日沉浸在溪流裡，就像我一樣整個人泡在溪裡，那可是世界級享受呢！

有次我向羅東 Outside 旅店的老闆聊起這裡，喜愛戶外活動的他說：「排骨溪是我們超愛的玩水秘境！」

旅遊資訊

地址：台七省道 86.5K 處
交通：國道五號下宜蘭交流道後，右轉 192 縣道直行，遇到台九省道後左轉中山路五段，遇到舊城南路後右轉台七省道直行。過了大同、玉蘭後，於台七省道 86.5K 處右轉往巴陵大溪方向，行駛約 400 公尺左側見「萬聖公」廟旁小路，左彎下去即是，走過吊橋至底為排骨溪。

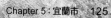

搖搖晃晃的繩索吊橋

松羅國家步道

太刺激了！走在左右晃動的繩索吊橋，走入植被林相茂密的原始森林，一路沿著松羅溪流而行，伴隨著淙淙流水樂章，綠意盎然的蕨類附著樹木，松羅國家步道彷彿是台灣的亞馬遜熱帶雨林。

松羅國家步道是昔日泰雅族狩獵小徑，松羅溪更是泰雅部落的生命

宜蘭市

三星鄉

大同鄉

羅東鎮

左：超長超寬廣攔砂壩。　右：松羅溪的水超乾淨。

之水。這條步道平緩容易行走，入口處有個超大攔砂壩，山嵐雲霧常縹緲其上。比起九寮溪步道，松羅步道更具野性粗獷美，常可見台灣藍鵲飛舞樹梢，蝴蝶蜻蜓青蛙亦隨處可見。

繩子吊橋是松羅步道最迷人之處，距離溪流約兩米高度，巨石散落溪谷上下游，溪水沖刷激起陣陣白色水花。松羅溪在繩索吊橋下，形成一個美麗 U 形曲線，找個淺灘下去親近溪水，冰涼快感讓暑意全消。

繩索吊橋寬度僅容單向通行，記得禮讓對面的人喔！若真不小心在橋上跌倒，也不會跌落溪谷，只是胯下會比較痛一些。愈到吊橋中間會愈來愈晃，不過大可放一百個心，這裡安全性十足啦！在松羅國家步道上漫步，有源源不絕的芬多精和負離子 SPA，快來趟野性十足的山林巡禮吧！

旅遊資訊

電話：(03)954-5114（羅東林區管理處礁溪工作站）
交通：從宜蘭市走台七省道往大同方向，經過玉蘭後在 98K 處看見松羅部落，再前行 1K 左右會看見松羅國家步道指示，右轉進入就會看見停車場。

上：搖搖晃晃繩索吊橋是單行道喔。
中：號召朋友一起來玩吧。　下：即便冬天我也要泡溪水。

九寮溪步道—戈霸瀑布

從山中奔洩而下的瀑布，彷彿一條輕拋落下的白色絲絹，清澈透明的湍急溪水蜿蜒於破礴溪，從雪山山脈高山一路奔流出海。途中有著驚險趣味的竹竿便橋、刺激搖晃的繩索吊橋。有人稱這裡為「台灣版九寨溝」，也有人稱這裡為「宜蘭明星級步道」，這裡是九寮溪步道。

日治時期，宜蘭近山區域有不少提煉樟腦的產業，當時這裡是第九個腦寮，因而被稱為「九寮溪」，少有步道會與原住民文化圖騰結合，但九寮溪沿途橋樑棧道取為巴尬、豁雲、篤農、哈隘、崖躍……等，洋溢濃濃泰雅原民風情。

趣味的繩索吊橋，是當時泰雅族人狩獵時，準備用木背架把獵物搬回去，水鹿卻掙脫逃走，因而戲稱此狩獵處為「pagah」，順應歷史稱之為「巴尬吊橋」。吊橋橫越溪谷，行走於兩根繩索上方，走上去後搖搖晃

九寮溪的繩索吊橋比較粗。

左：純淨無暇的溪谷。　中：戈霸瀑布好壯觀。　右：這條竹竿橋也太恐怖了吧。

晃超驚險，卻是非常安全喔！

　　沿溪而行溪流相隨，鳥語悅耳蟲鳴伴奏，放眼望去綠意盎然生機蓬勃，真是可媲美九寨溝的台灣美景。寶藍溪水夢幻無比，忍不住跑下去觸摸溪水，冰涼程度讓我直呼過癮。山壁密密麻麻佈滿蕨類，時有繽紛花朵恣意綻放，眼尖耳細的還可發現聽見五色鳥、翠鳥蹤跡。

　　步道尾段是藏匿於森林中的戈霸瀑布，水花飛濺散落在平台，負離子輕拂臉頰，溪澗形成一道 S 形白鍊。躺在平台座椅閉目小歇，享受免費上演的一場天然 SPA。美景……總是被多走幾步路的人找到！

巴尬吊橋

旅遊資訊

地址：宜蘭縣大同鄉崙埤村泰雅路一段 92 號（從大同加油站旁道路進入）

電話：(03) 954-5114（羅東林區管理處轉育樂課）

交通：國道五號下宜蘭交流道後，右轉 192 縣道直行，遇到台九省道後左轉中山路五段，遇到舊城南路後右轉台七省道直行，於台七省道 101K 處會看見大同加油站，右轉小徑進入即為九寮溪步道。

部落小孩最愛玩水的野溪

崙埤部落野溪——小九寮溪

崙埤部落戲水秘境，蒼鬱柳杉佈滿林間，叢林蕨類綠意盎然，巨石嶙峋沁涼溪谷，流水淙淙清澈見底，形似九寮溪，故稱之為「小九寮溪」。我會發現這處隱密的山徑溪流，是透過在地人指引，再自己探路，才發現呢！這幾年因封溪復育生態，溪裡有為數眾多的苦花溪哥悠游。

來了幾次，發現部落小孩青年，喜愛在此游泳跳水，還帶著游泳圈，享受岩壁滑水道樂趣。從崙埤野溪旁車道一路往上，沿途有兩三個小涼亭，溪谷兩側林相原始，茂密森林滿滿蕨類，宛如侏儸紀公園呢！後端

的十字岔路口有座鐵橋，鐵橋左下方的深潭，泛著螢光綠色，冒著泡泡冷泉，讓人一看就感覺沁涼暢快。

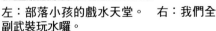
左：部落小孩的戲水天堂。　右：我們全副武裝玩水囉。

崙埤野溪的最佳戲水區是在下游，因溪水源頭來自深山崙埤池，當雙腳踏入溪水時，特別感到冰涼有勁。沿著最下方涼亭旁小徑往下走，可見小岩壁水流斜坡，是在地人最愛的滑水道；往上游走約 20 公尺，高低落差形成一個深潭，水深約到腰部。我和朋友跑進池子裡，把岩石當成枕頭，把深潭當作棉被，整個人躺臥裡面，卻發現水底冒著綿密白色泡泡，宛如天然牛奶 SPA 池呢！跨過大石繼續往上走，驚見矮小攔砂壩，藏了優雅水幕瀑布，水流深度只達膝蓋，雙手張開倚靠岩石，繼續享受沖瀑樂趣，超級過癮哩！

來到崙埤部落野溪，亦可沿著山徑小路往上走，鳥語花香蟲鳴鳥叫，天籟山音自然樂章隨耳相伴，隱世秘境讓人忘卻塵囂。

上：清涼無比的天然泡泡浴。　下：簡直就是九寮溪翻版呢。

旅遊資訊

電話：(03)980-1004（大同鄉公所）
交通：國道五號下宜蘭交流道後，右轉 192 縣道直行，遇到台九省道後左轉中山路五段，遇到舊城南路後右轉台七省道直行，在 102K 前右轉往大同鄉公所，經過鄉公所、大同國小後，在崙埤橋前左轉往上約一百公尺會遇到一個涼亭，右邊下方是崙埤野溪，可見滑水道、沖瀑池子，續行山徑往上約 500 公尺，十字路口鐵橋左側下方有個深潭相當清澈。

Chapter8
羅東鎮

羅東高中

純精路三段

復興路

興東路

公正路

公正路

金味坊豆花 🍴
無名碗粿、筒仔米糕、肉圓 🍴

公正國小

嘟好燒 🍴

民生路

民權路

無名飯團、蛋餅 🍴

羅東夜市

無名麵店 ●

中山路三段

敬業路

● Amy's café

南門路

興東南路

中山路四段

童趣豆花 🍴

維揚路

● 羅東文化工場

燒賣魚丸米粉 🍴

● 羅東新林場

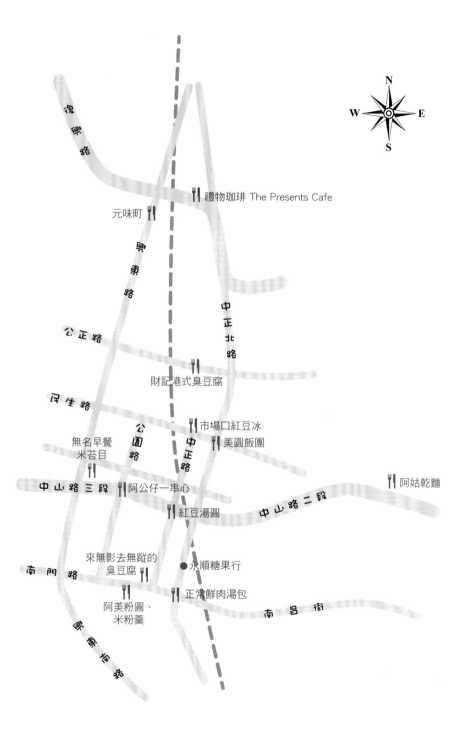

外星太空飛船來囉

羅東文化工場

號外！號外！外星人入侵地球啦！有艘太空戰艦停靠羅東，簡直像是科幻電影場景。這座騰空 18 公尺高的羅東文化工場，可是知名設計師黃聲遠的作品，外型特立獨行，內觀滿是密密麻麻的線條交錯，半露天階梯蜿蜒複雜，走進去就像闖入了異度空間一樣。站在文化工場下方抬頭望去，據說那一條條錯綜的橫樑，代表著昔日林場枕木泡在池子裡的景象。

文化工場裡空間不大，有幾處文化展示空間，頂樓是一個空中觀景平台，可見山脈從南方澳到三星大同

像是外星戰艦的文化工場，最高點可眺望羅東市區景色。

的走勢，羅東市區的景色也一目瞭然，底下停車場圖案像是魚骨。我喜歡搭著電梯直達頂樓，坐著發呆看看風景，享受人生。

宜蘭市

三星鄉

大同鄉

羅東鎮

旅遊資訊

地址：宜蘭縣羅東鎮純精路一段 96 號
電話：(03) 957-7440

騰空操場好炫唷

羅東新林場

旅遊資訊

地址：宜蘭縣羅東鎮純精路一段 88 號
（羅東文化工場旁）
電話：(03)957-7440

羅東新林場與羅東文化工場緊緊相鄰，這可是羅東居民的運動後花園。橘綠相間的 PU 環形跑道，有種從森林跑進城市的錯覺；某些路段騰空湖面之上，彷彿是座小木棧橋跑道呢！從不同角度欣賞創意，棧橋跑道宛如萬箭齊發。操場周圍有四根鏽蝕柱子，象徵了四種不同的樹種。把建築藝術融入日常生活文化，是令人激賞的實用創意，快換上慢跑鞋，來這裡奔跑吧！

左：跑道騰空好酷喔。　右：從紅色操場跑入綠色森林囉。

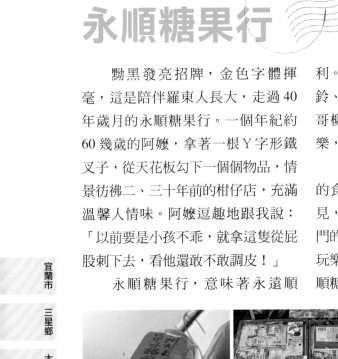

超懷舊，滿滿小時候回憶

永順糖果行

旅遊資訊

地址：宜蘭縣羅東鎮中正路 14 號
電話：(03) 954-3268

黝黑發亮招牌，金色字體揮毫，這是陪伴羅東人長大，走過 40 年歲月的永順糖果行。一個年紀約 60 幾歲的阿嬤，拿著一根 Y 字形鐵叉子，從天花板勾下一個個物品，情景彷彿二、三十年前的柑仔店，充滿溫馨人情味。阿嬤逗趣地跟我說：「以前要是小孩不乖，就拿這隻從屁股刺下去，看他還敢不敢調皮！」

永順糖果行，意味著永遠順利。蜜餞、糖果、保麗龍飛機、扯鈴、玩具車、撲滿、水槍等，還有王哥柳哥、阿西尋寶、虎拔毛的抽籤樂，大人小孩玩的吃的應有盡有。

阿嬤也拿出幾包逢年過節必吃的食物，她說這些零嘴現在都很少見，很多人會專程來買。店裡五花八門的玩具，讓我們了解當地居民吃喝玩樂的過程演變。來羅東，繞過來永順糖果行，找尋你的童年記憶吧。

宜蘭市

三星鄉　大同鄉　羅東鎮

左：幾乎絕版的古早味豬公。　中：過年最愛玩這種抽籤。　右：小孩寫的春聯，就感心。

原來還藏了這間美味米苔目

早餐米苔目

旅遊資訊

地址：宜蘭縣羅東鎮興東路 2 號
時間：07：00～賣完

一聊到羅東好吃的米苔目，大家總推薦羅東夜市裡的張秀雄，但每天早上都滿滿人潮，實在是很難吃到呢！這間在夜市旁的無名米苔目，也是深受在地人喜愛，如果不想等太久又想吃到道地美味米苔目，就來這間吧！

點一碗加上油蔥酥的米苔目，撒一些黑胡椒攪拌一下，湯頭鮮甜可口，圓滾滾米苔目Q滑，透抽、三層肉、嘴邊肉、粉腸、豬舌、膽肝、菜頭、油豆腐等琳瑯滿目小菜，一定要

點上一份綜合黑白切，保證過癮！這間店開了四、五十年唷，算是在地人才知道的低調老店啦！

吃米苔目一定要吃黑白切才對味啦。

老闆超愛哈拉聊天

金味坊豆花

旅遊資訊

地址：宜蘭縣羅東鎮公正路 321 號
電話：(03)951-7937
時間：10：00～22：00

「肉魯！不要再報我的芒果冰了，做到手快斷了……」「你想吃芒果冰喔，再等一兩個月，快有了……」每次見到金味坊的老闆都會被他逗笑。金味坊豆花是一間有人情味的三十幾年老店，有時見他跟學生客人彷彿在吵架，實際上卻是親切鬥嘴呢！

老闆堅持每樣冰品要經過手打攪拌，豆花一定要用黃豆磨出香濃豆味。半透明的芋圓地瓜圓稱為 QQ，三色豆花加上 QQ 是在地人最愛，再淋上冬瓜糖水，吃起來甜而不膩。夏季限定的人氣芒果冰，整顆芒果切丁鋪滿；四、五月先採用枋山出產的芒果，六、七月再採用玉井的，兩者吃起來有微妙差異喔！四果冰、芋頭冰可都是店內超人氣哩！來金味坊豆花，人情味與美味一舉兩得。

左上：全台最好吃芒果冰。　左下：QQ 吃起來像芋圓。　右：老闆超性格。

宜蘭市　三星鄉　大同鄉　羅東鎮

138

阿公仔一串心

旅遊資訊

地址：宜蘭縣羅東鎮中山路三段
與公園路交岔路口

　　自己拿、自己沾醬、自己數牙籤、自己算錢……我愛死這種隨性的感覺！羅東夜市角落的一串心小攤車，從中午開始賣到晚上，深受在地朋友偏愛。微微燻烤味道，有香腸、紅燒肉、嘴邊肉、粉腸多種口味可選，有醬油、辣椒兩種可沾，不過一次只能沾一種沾醬，跟日本炸物店好像喔！油豆腐夾著香菜餡料，吃起來鮮脆多汁，吃完後把牙籤放在小盤子，然後看牙籤的數量來結帳，1串1個，3串20元，很趣味吧。

左：琳瑯滿目的一串心。　中：只能沾一次的沾醬。。　右：從早上賣到晚上。

阿姑乾麵
餛飩麵

跟嘍咕麵師出同門的乾麵

阿姑乾麵

旅遊資訊

地址：宜蘭縣羅東鎮中山路二段 292 號
時間：08：00 ～ 15：00

咦？味道怎麼跟以前帝爺廟的嘍咕麵好像，原來是曾在裡面工作的阿姨出來開店啦。如果說嘍咕麵會等到睡著，阿姑乾麵是睡意來臨前，麵就上桌了。一碗乾麵，配一碗魚丸餛飩湯，乾麵拌上油蔥芹菜，灑上醋、辣椒、黑胡椒，最後攪拌一下，這才是最佳吃法！麵條口感軟Q，雖然沒有肉燥青菜調味，純粹靠味道就擄獲了在地人味蕾；餛飩魚丸湯裡的包餡魚丸，軟綿有層次，透明餛飩Q彈。聽說羅東五結的在地人，早餐常來這裡吃喔！

宜蘭市
三星鄉
大同鄉
羅東鎮

左：早餐吃乾麵，我最愛。　右：餛飩魚丸綜合湯，一次滿足。

在地人也不知的好吃粉圓

阿美粉圓、米粉羹

　　隱藏在巷尾的三十幾年老攤，本來在南門路巷子口賣，後來移至巷尾成功國小圍牆外。造訪當天粉圓已經賣完，阿嬤卻熱情地現煮粉圓，還問要Q一點還是軟一點。過了不久，空氣就飄著桂圓黑糖的香氣。厚實飽滿的黑色粉圓，搭配熬煮的桂圓甜湯，入口時不會太甜膩，口感ㄅㄨㄞ ㄅㄨㄞ彈牙，還可吃到桂圓福肉。夏天則是搖身一變成為粉圓冰喔！

　　此時，我瞄到旁邊有鍋料多實在的米粉羹。老實說，我對宜蘭米粉羹興致缺缺，因為跟我印象裡的「羹」有落差，不過在地人強力背書，我就點了一碗。一上桌，看到滿到快溢出來的份量，迫不及待撒上香菜、菜脯，加上黑醋辣椒攪拌；一入口，我的笑容瞬間綻放——這間合味啦！據說以前米粉羹是貧窮人家吃的，後來才演變成宜蘭國民小吃喔！

左：米粉羹料多豐富。　右：老闆娘好熱情。

旅遊資訊

地址：宜蘭縣羅東鎮南門路 37 號（六福中醫診所旁巷子進去到底）
電話：(03) 954-0406
價位：粉圓 25 元，米粉羹 30 元

票選第一名的湯圓

紅豆湯圓

這間羅東人從小吃到大的阿伯紅豆湯圓，有四十多年的歷史，曾獲全國票選第二名呢！我在它爆紅前就跟友人來吃了好幾次，享受悠哉坐在木頭板凳，愜意蹺腳吃湯圓的樂趣。

看著阿伯把湯圓丟入糖水煮，沸騰時，一顆顆圓滾滾的湯圓浮起來，散發出誘人的糖香；一旁是一鍋用黑糖提味燉煮的紅豆湯，紅豆顆顆飽滿，喝起來不甜膩，湯圓＋紅豆湯是最完美組合。店內採用古早味藍白瓷碗，一邊享用紅豆湯圓，別忘了欣賞阿伯熟練煮湯圓模樣，簡直是一門藝術啊！

我喜歡坐在前面看阿伯煮湯圓過程。

旅遊資訊　**地址**：宜蘭縣羅東市中正街與中山路交岔路口
　　　　　　時間：10：00 ～ 22：00

宜蘭市

三星鄉

大同鄉

羅東鎮

跟在地人排隊真好玩

美圓飯糰

　　美圓飯糰是隱藏在民生市場裡的好味道，記得有次吃了驚為天人的壯圍過嶺飯糰之後，羅東好友馬上跟我說：「不用跑那麼遠啦，羅東有間美圓飯糰開了三十幾年，也是超人氣呢！」之後我們到了市場，發現真的有好多人排隊唷！

　　攤位上擺了一盤滿滿的配料盤：榨菜、鹹菜、菜脯、豆乾、肉鬆、酥脆油條……宜蘭飯糰有個獨特點，飯糰內會加入一些醬油，若要加辣就灑入辣油，常常見到一包飯糰內醬油辣油混合情景。一口咬下，酥香油條引領多層次口感，這一味實在好吃，我馬上又去排隊，再買一個！

吃一顆根本不夠，直接點兩顆吧。

旅遊資訊
地址：宜蘭縣羅東鎮中正路民生路交岔路口
時間：06：30 ～ 11：00 或賣完為止
價位：加蛋 35 元，不加蛋 30 元

財記
港式臭豆腐

　　羅東人最愛的下午茶和消夜，就是這間臭豆腐啦！尤其是秒殺限量版的起司豆腐堡，根本是看得見吃不到，每次去都賣光了；幸好還有同樣美味的脆皮臭豆腐、清燉臭豆腐、清蒸臭豆腐、麻辣臭豆腐。脆皮臭豆腐炸得相當酥脆，四四方方一塊中間挖個洞，淋上特製醬汁，再把泡菜塞進去洞裡，這是最佳吃法，一口吞下超過癮。清蒸清燉臭豆腐則是採用小籠包蒸法，清蒸口味湯頭較濃郁，清燉口味湯頭較清淡。這間財記臭豆腐的多元化吃法，讓你一次滿足啦！

左：麻辣、清蒸都好吃。　中：香噴噴的臭豆腐。　右：我最愛挖小洞的臭豆腐。

旅遊資訊
地址：宜蘭縣羅東鎮公正路 110 號
電話：(03) 956-6220
時間：15：00 ～ 23：00

宜蘭市

三星鄉

大同鄉

羅東鎮

無名乾麵

　　每次中午經過興東路，總會探頭望望這間麵店。放置在煮麵台的復古小木櫥、擺滿藍色花紋的古早陶瓷碗，我的腦海總是浮現「簡單美味」。

　　後來詢問在地朋友才知，這間店開了快四十年呢！菜單一如羅東麵店，只有簡單的乾麵、餛飩麵、魚丸麵選擇。隨意點了一碗乾麵，配上一碗餛飩魚丸湯，湯裡有切碎油蔥，不會太過油膩，撒了胡椒、辣椒、醋均勻攪拌，是一口接著一口停不住的美味。有人說羅東乾麵像是傻瓜麵，有人愛有人不愛，我倒是偏好此味。這間無名乾麵採用的魚丸，是許多老店最愛用的包肉餡魚丸喔！

旅遊資訊

地址：宜蘭縣羅東鎮興東路 11-1 號

跟阿姑乾麵、帝爺喂咕麵口味好像，阿嬤煮麵超認真。

巷弄裡的人氣排隊早餐

無名飯糰、蛋餅

　　飯糰,儼然是羅東不說不知道的私藏早餐。這間店位於北海道烘焙坊前方,總是一大堆排隊人潮,除了飯糰還有超人氣蛋餅、饅頭、豆漿。飯糰內餡包著榨菜、鹹菜、肉鬆、油條、荷包蛋等混合,特製辣油特別香,吃起來很過癮。老闆不僅要忙著包飯糰,還要忙著煎蛋餅,現調麵糊現煎到酥脆,沾上醬油膏和辣醬,酥中帶軟,飄著蛋香,難怪在地人會排隊排成這樣。

旅遊資訊

地址:宜蘭縣羅東鎮民權路 188 號
時間:06:30 ～賣完為止

宜蘭市

三星鄉

大同鄉

羅東鎮

左:炒過的豆乾榨菜。　中:酥脆油條。　右:彎月蛋餅。

旅遊資訊

地址：宜蘭縣羅東鎮
公正路 317 巷 6 號

羅東高中學生最愛的早餐

無名米糕、碗粿、肉圓

　　羅東高中對面、金味坊豆花旁的巷子內，有間在地人從小吃到大的回憶；以前是在公正街賣，後來搬來現址已經二十幾年，羅高學生常買來當早餐呢！店內賣的種類很多，油飯、碗粿、筒仔米糕、魯肉飯、金針排骨、菜頭排骨……筒仔米糕淋上特製醬料，肥瘦參半鋪上豬肉，外加鹹菜香菜，吃起來層次多元；碗粿香氣濃郁，裡面有瘦肉和魯蛋，算是北部南部綜合口味；油炸肉圓裡有筍絲、瘦肉，再淋上特有宜蘭口味的粉紅醬汁，這可是豆瓣加上豆腐乳熬煮出來

的喔！魯肉飯、油飯淋上瘦肉較多的肉燥，全都合我的胃口啦！這間老店低調藏在巷子裡，等待有緣人囉！

全部都點就對啦，一次全部滿足。

師傅可是冬山豆花老店喔

童趣豆花

這間藍色童趣小屋，外觀開了幾扇摺耳窗，洋溢繽紛歐洲風情；店內擺滿藍白國小課桌椅，彷彿俏皮的希臘國度。這裡可不是賣義大利麵，竟是提供美味豆花呢。豆花手藝源自冬山市區一間豆花老店，是媽媽傳授給自家人啦，傳統豆花、三色布丁、豆漿紅茶可都是招牌哩！

芋圓、粉圓、QQ、雪蓮子配料都很美味，豆花的豆香味濃郁。在童話小屋裡，吃著老字號豆花，真是幸福呢！有時也可見到冬山豆花老店的媽媽在店裡幫忙喔！別忘了再喝上一杯古早味的豆漿紅茶，超級搭配！

童趣豆花環境好像民宿、童話世界喔。

宜蘭市

三星鄉

大同鄉

羅東鎮

旅遊資訊

地址：宜蘭縣羅東鎮中山路四段 201 號
電話：(03) 951-0996
時間：12：00 ～ 22：00，週一公休

不只是東門夜市，羅東也有一間唷

嘟好燒

羅東隱藏版嘟好燒，
下午茶消夜首選。

在羅東想吃嘟好燒，可不只有宜蘭市的東門夜市，這間位於羅東公正國小旁，陪伴在地人走過三、四十年頭的零嘴甜食，跟宜蘭師出同門，兩者一樣美味呢！入口時有點燒燙，又不會太燙，吃下去嘟嘟好的熱度，這就是嘟好燒名稱由來喔！

嘟好燒吃起來有點芋頭香氣，其實裡面包的是紅豆泥。嘟好燒幾乎都現點現做，老闆舀起黏稠餡料再揉出形狀，把餡料包進雞蛋糊，揉成一條條長麵糰，動作間身手彷彿打太極拳。麵糰切塊後下鍋油炸，炸好的嘟好燒內餡呈現爆炸狀，入口有微微芋頭和紅豆香，外酥內軟，口感獨特。來羅東別忘了來一份幸福無比的散步甜食。

旅遊資訊

地址：宜蘭縣羅東鎮公正路 197 號（7-11 側邊、公正國小旁邊馬路）
時間：16：00 ～ 23：00，不定時休息
價位：大份 35 顆 50 元，小份 20 顆 30 元

燒賣、魚丸、米粉

　　想吃魚丸米粉，在羅東有一間網路討論到翻天的老店。老闆曾經休息了三、四個月，結果大家都因為吃不到這味而傷心呢！一輛三輪老攤車，賣著獨特炸餛飩、魯到飄香油亮亮的豬腳、魯腸子、魚丸米粉，讓人口水直流的深夜食堂。

炸餛飩裡頭包著洋蔥，超人氣。

旅遊資訊

地址：宜蘭縣羅東鎮維揚路 159 號
電話：(03) 958-8421
時間：19：30 ～ 24：00

宜蘭市

三星鄉

大同鄉

羅東鎮

150

不只是咖啡、連蛋糕都一流

禮物珈琲

在林場肉羹旁的轉角路上，有間禮物珈琲，外觀是一片優雅玻璃落地窗，店內以樸素木質座椅擺設，沉穩墨綠牆面掛滿六〇年代的復古照片。老闆是一對返鄉工作的年輕夫妻，堅持自家焙煎咖啡豆，女主人負責甜點烘焙，兩人甜蜜地各司其職。黑板上是繽紛的手寫菜單，老時鐘、復古檯燈、煎餅模具，飄散著淡淡老時光的溫馨氣息。咖啡、英國皇室御用茶口味還不賴，也提供旅人慢食紅酒牛肉餐點。這是一間悠哉舒服的夢想咖啡屋，午後時光，不妨沉浸在慵懶的咖啡豆香裡吧！

這裡不只咖啡好喝，蛋糕甜點也一級棒。

旅遊資訊

地址：宜蘭縣羅東鎮復興路一段 6 號
電話：0978-997749
時間：12：00 ～ 20：00 週三公休

市場口紅豆冰

195

旅遊資訊

地址：宜蘭縣羅東鎮民生路 6 號
（民生市場 3 號入口 195 號攤位）
時間：10：30 ～賣完為止

羅東人從小吃到大的冰

市場口紅豆冰

羅東民生市場裡，有間開了六十年的阿嬤紅豆冰，店內的杏仁、李鹹、鳳梨等主要配料，都用復古玻璃容器裝盛起來；挫冰是先挫在塑膠盆子，再挖入綿密紅豆泥後攪拌，裝在一個碗子裡。吃起來滿嘴洋溢紅豆香氣，挫冰口感也相當綿密。我發現，宜蘭很多老店賣的古早冰，都堅持要把冰與料一起攪和，這間市場口紅豆冰亦不例外。鳳梨冰也是店內必點招牌唷！整個很有小時候的吃冰回憶。這間市場口老店，態度比較冷淡點，不過冰的滋味真的一級棒啦！

宜蘭市

三星鄉

大同鄉

羅東鎮

左：玻璃罐裝的原料。　中：手工攪拌紅豆冰。　右：令人懷念的鳳梨冰。

這間湯包會爆漿喔

正常鮮肉湯包

旅遊資訊
地址：宜蘭縣羅東鎮南門路 7 號
電話：(03) 954-5309
時間：06：30 ～ 13：00、15：30 ～ 19：30

來到宜蘭，怎能錯過正常鮮肉湯包呢！宜蘭市的總店總是大排長龍，其他店似乎品質不太穩定，連態度也都令人搖頭，但這間南門路的羅東店，可是深受在地人喜愛。店內湯包現包現捏，加入滿滿蔥花，老闆會從蒸籠小心翼翼把小籠包夾到盤子裡，外皮幾乎沒破掉，光是這點就讓人激賞。一籠 10 顆 70 元，一咬破小籠包，滿滿燙舌肉汁噴出，混著蔥花香氣，吃起來非常過癮喔！不論是早餐、午餐、下午茶、晚餐，來羅東店吃就對啦。

奶茶 紅茶 豆漿 酸辣湯 湯包

15　10　15　25　70

敬請配合謝謝

羅東這間正常鮮肉湯包很真材實料喔。

有緣人才吃得到耶

來無影去無蹤的臭豆腐

這間來無影去無蹤的臭豆腐，
想吃還得碰運氣，一出現時，人潮便
蜂擁而上。老闆說，客人都叫他市長
臭豆腐。中藥發酵的臭豆腐，炸到相
當酥脆，對切成四片；這裡不加泡
菜，而是加上醃製酸菜，淋的醬汁像
甜辣醬，吃起來口感很獨特。若巧遇
的話，可以嘗試看看喔！

宜蘭市

三星鄉

大同鄉

羅東鎮

旅遊資訊

地址：出沒於宜蘭縣羅東鎮南門路 18 號前
電話：(03) 951-1745
時間：16：30 ～ 18：00

有緣人才能巧遇的酸菜臭豆腐，香貢貢。

簡約復古日式風的日本料理

元味町

旅遊資訊

地址：宜蘭縣羅東鎮興東路 210 號
電話：(03) 957-5585
時間：11：00 ～ 14：00，17：00 ～ 21：00

　　進到元味町的店裡，彷彿身處日本昭和時代，裝潢走簡約日式復古風，木頭橫樑營造室內街景，還有日文字樣的古早招牌。元味町是一間在地人超愛的日本料理店，生魚片、壽司、火鍋、沙拉、丼飯、燒烤等，價位落在 40 到 280 元不等，算是相當平價呢！

　　什錦海鮮火鍋，湯鮮甜美；鹽烤魚下巴，肉質細膩；豬排丼飯、炸蝦丼飯份量足夠，粉炸得不油膩；綜合壽司、和風沙拉則是必點美味，四、五個人就能飽足一頓；燒烤類烤起來比較濕，我就比較少動筷子了。元味町環境氣氛佳，吃完了繼續聊天也很享受呢！這間是「明水露」民宿的愛吃鬼女主人帶路的啦！

海鮮火鍋、天婦羅、豬排丼飯都好好吃。

我最愛吃的甜點小舖

Amy's cafe

旅遊資訊
地址：宜蘭縣羅東鎮中山西街 204 號
電話：(03) 953-4380
時間：11：00～21：00，週一公休

　　因為我不太敢吃奶油，所以幾乎甜點我都不太愛吃，但 Amy's 的甜點卻讓我失心瘋。透明櫥窗裡擺滿一個個圓形切塊的甜點，都是主人自己親手現做；現烤的布朗尼蛋糕表皮酥香，還加上一球香草冰淇淋，冷熱交融的口感是我最愛；香蕉核桃磅蛋糕，淡淡散發清新香蕉香氣。甜點價錢落在 60 到 80 元中間，非常物超所值呢！

　　Amy's 店內空間不大，洋溢著溫馨氣息，活潑橘色牆面、慵懶沙發木桌、玻璃小落地窗，更有插頭可充電。我喜歡這裡的悠閒氣氛，但是能讓不吃甜點的我也愛上，可見 Amy's 真正美味。

宜蘭市

三星鄉

大同鄉

羅東鎮

我好愛 Amy's 的布朗尼蛋糕，空間氛圍營造得好溫馨呢。

Chapter 9
五結鄉

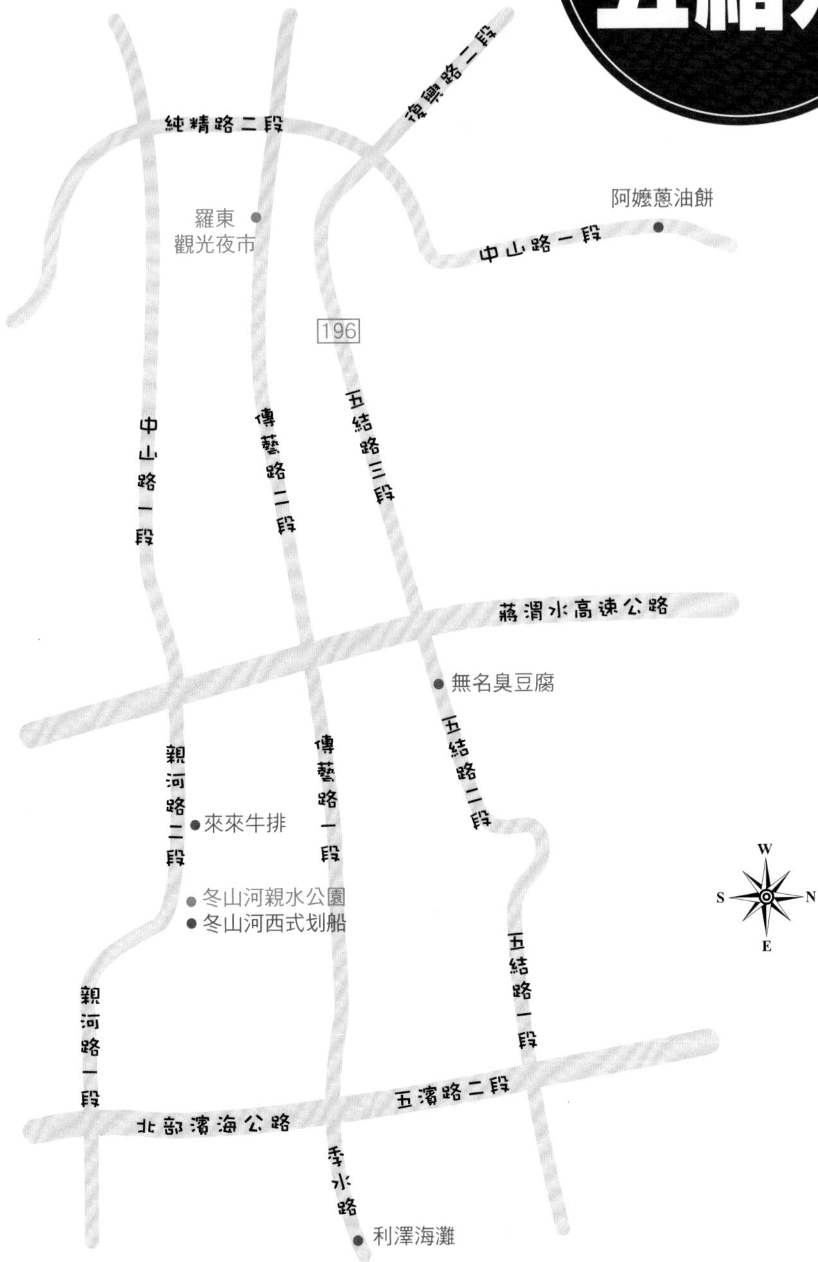

復興路二段
純精路二段
羅東
觀光夜市
阿嬤蔥油餅
中山路一段
196
中山路一段
傳藝路二段
五結路三段
蔣渭水高速公路
無名臭豆腐
親河路二段
來來牛排
傳藝路一段
五結路二段
冬山河親水公園
冬山河西式划船
W
S
N
E
親河路一段
五結路一段
五濱路二段
北部濱海公路
季水路
利澤海灘

冬山河西式划船

西式划船緣起英國,屬於貴族的運動,通常只有讀哈佛、劍橋大學的學生才可接觸到。後來此項運動被列入奧運比賽項目,國外開始有許多俱樂部紛紛推廣西式划船;台灣在二十年前才將此項運動引進國內。早期主要辦在宜蘭冬山河,邀請各國名校來參加邀請賽,如哈佛、劍橋、早稻田、漢堡等;十年之後因政治因素而將此項賽事停辦,實在相當可惜。當時,冬山河每到了九月都熱鬧滾滾,如今只能在三、四月的全中運,

五結鄉

冬山鄉

蘇澳鎮

南澳鄉

左:這每一台都要價 30 萬呢。　右:我第一個體驗,雙腳發抖。

158

和七、八月的水上移地訓練，才能見到以優美姿態划著船的選手們。

有次我去冬山時，剛好遇上三月比賽期，我和一位西式划船的亞青國手好友，徵求教練同意後，借用選手雙人訓練船，讓我和一群朋友下船體驗。我們驚喜萬分，內心也開始緊張害怕：「會不會翻船啊？！」

帶著忐忑不安卻興奮的心情準備上船，不過連搭船上去就需高超技巧，初學者很容易一上就翻船，好險我的天資聰穎，上船竟沒翻呢！划槳的順序是左上右下，好友嚇唬我，只要左下右上馬上翻船，害我完全不敢動。特別的是，坐在船上時，雙腳需穿上釘在船上的鞋子，並黏上魔鬼氈，動彈不得的感覺讓我突然覺得想下船了！

可是我怕被笑膽小，只好厚著臉皮出航囉！我在船上完全不敢動，全部靠著教練好友出力，不過感覺她沒出什麼力氣，西式划船卻優雅地在河面滑行，速度感十足。那天我們以時速 20 公里的速度航行，國手好友說如果是四人或八人船，時速可達 70 公里，連摩托車都追不上呢！難能可貴的西式划船體驗，在人生中留下難以忘懷的美好回憶，下次，來到冬山河，不妨坐在岸邊，觀賞一場力與美的競賽吧！

上：固定在西式划船上的鞋子。
中：我朋友也太優雅了吧。
下：9 個人齊心合作的西式划船，好酷。

旅遊資訊

地址：宜蘭縣五結鄉協和路 20-36 號
電話：(03) 950-2097
西式划船時間：3、4 月全中運和 7、8 月移地訓練比較有機會看見

在地人看海的海灘

利澤海灘

　　利澤海灘綿延八公里長度，沙質細膩，腹地甚大，一窺從東北角一路彎曲至北方澳的優美弧形海岸線，更可見到蘭陽傳說中的「龜蛇把海口」奇景，龜即是眼前載浮載沉的龜山島，蛇就是指這片壯麗海灘。昔日，漁民都會在此牽罟，並有一整排罟寮，後來海岸線內縮，牽罟也成了歷史。

　　利澤海灘算是看海小秘境，沿著羅東後火車站的傳藝路直行到底即可抵達。沙灘平坦，軟趴趴的，走在上面像小水床；海平面上漁舟點點，南方是緩緩入海的山丘，北方宛如鏡射一樣，雪山山脈也平緩入海。

　　想看海，不用跑到南方澳、頭城，來利澤海灘一樣美麗。

旅遊資訊

交通：宜蘭縣五結鄉季水路往東到底

五結鄉

冬山鄉

蘇澳鎮

南澳鄉

旅遊資訊

地址：宜蘭縣五結鄉親河路二段 159 號
電話：(03) 950-2534
時間：11：00 ～ 22：30

在日式居酒屋吃牛排，酷

來來牛排館

我發現宜蘭有好多間老字號的牛排館，這間來來牛排館陪伴五結人二十幾個年頭，最近悄悄換了新裝。外觀仿造清水模建築，門口有鏽蝕的來來字樣，玻璃落地窗製造無遮掩空間，鐵網、酒桶、木板彩繪、生態池，洋溢現代工業風，亦帶些禪意的氣氛。

熱騰騰的酥皮玉米濃湯，酥皮好脆，玉米料多湯又濃；飲料是店員會隨時添加的古早味紅茶；主角是煎到金黃酥脆的鐵板雞腿排，咔滋咔滋的外皮脆度；半熟荷包蛋要自己翻面，而下方麵條可是採用成本較高的義大利麵唷！吃完了，別忘了逛一下半露天廁所，用豬牛圖案區分男女，更有間親子廁所，非常的窩心。

如果你去花蓮老時光吃過燒烤，如果你住過宜蘭小時光京都風民宿，如果你吃過宜蘭湯蒸火鍋，你一定會喜歡五結的來來牛排，因為他們都是出自同一個團隊的創意唷！

阿嬤蔥油餅

旅遊資訊

地址：宜蘭縣五結鄉五結中路二段 76 號旁邊

　　一輛復古味十足的三輪車，傳來陣陣蔥油餅香。阿嬤從一大盆壯觀的柔軟麵糰裡，巧手捏出一個小球、壓出一片蔥油餅，下鍋撒上蔥花一起油炸，雞蛋、麵皮膨脹模樣，像極花蓮炸蛋蔥油餅。

　　趁著熱熱時吃下肚，口感外酥帶點Q勁，真是好吃極了，完全不輸頭城礁溪排隊名店呢！阿嬤默默低調賣了十幾年，是五結在地人下午解饞最愛點心，買了可別走，趁著燙口就站在路邊吃完吧！

五結鄉

冬山鄉

蘇澳鎮

南澳鄉

五結可是也有一間好吃的蔥油餅呢。

茶葉蛋 一串 春丸 魚丸 貢丸湯 餛飩湯 乾麵 餛飩麵 陽春麵 米粉 大腸麵線 臭豆腐 蝦仁煎 蚵仔煎 蛋 炸餛飩

無名臭豆腐、茶葉蛋

這間是五結人的消夜首選，臭豆腐炸到外酥內軟，泡菜口味酸甜適中；煎到表皮金黃的蚵仔煎，淋上一匙特調醬汁，口味非常獨特喔！門口有鍋魯到香噴噴的茶葉蛋，美味程度一點也不輸北宜公路將軍茶葉蛋，很多人吃完消夜還會外帶幾顆解饞呢！

旅遊資訊

地址：宜蘭縣五結鄉五結路二段 496 號

深夜食堂來囉，茶葉蛋魯得超好吃唷。

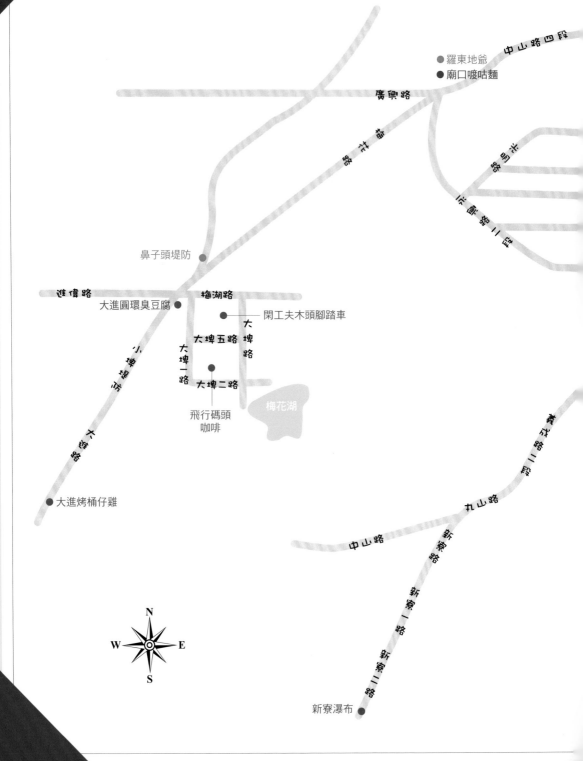

Chapter 10
冬山鄉

純精路一段
成功街
清溝路
冬山路五段
義成路三段
永清路
永安路
鹿安路
義成路
清溝夜市
冬山路二段
春嬌柑仔店
中正路
中桕路
成興路
冬山火車站
美秀的店
（魚丸、米粉）
無名燒粉圓冰
冬山路
冬山路一段
香南路

台灣最美最時尚的火車站

冬山火車站

　　一條毛毛蟲盤據在蘭陽平原，綿延不絕的圓弧拱形鋼交錯，覆蓋白色薄膜半透明屋頂，結合力與美的張力藝術，宛若蛻變展翅高飛的蝴蝶；晴空萬里下，火車疾駛過台灣最漂亮的火車站。

　　冬山火車站融合舊名「冬瓜山」，以大型瓜棚作為設計概念。冬山鄉是風箏的故鄉，稻草工藝更是珍珠社區的驕傲，車站廣場前可見飛向天際的疊形風箏，車站內也有七彩可愛的風箏座椅；風箏彩帶徐徐飛揚，

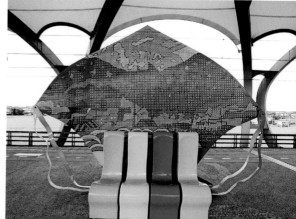

稻草人俏皮出現在每個角落，買張 6
元的月台票，上去冬山火車站乘風飛
行吧！

　　腳步輕挪步上月台，卡通童趣
的彩繪玻璃，豁然開朗的農村稻田，
遠眺東方可見太平洋，火車通勤的人
習以為常，來訪遊客驚喜萬分。過站
不停的火車捲起陣陣稻香，車棚無窮
迴圈延伸，十足的前衛科技感，若是
電影在此取景，追逐場面的爆破戲
碼，鐵定會紅遍全世界。坐在繪製冬
山美景的彩色椅子，靜看太魯閣號、
普悠瑪號呼嘯而過，鐵定是賴著不走
的最佳理由。

旅遊資訊

地址：宜蘭縣冬山鄉冬山村中華路 1 號
電話：(03) 959-4221

徜徉負離子的洗禮吧

新寮瀑布

2009年一場芭瑪颱風，幾乎摧毀新寮瀑布，地形丕變、步道受損；經過兩年多山林休養生息，自然生態生機逐漸恢復。現在的新寮瀑布，步道變短了，繩子吊橋沒了，多了好多顆巨石；溪谷變寬，瀑布水量增大，遊客可以遠遠地眺望山邊瀑布，或下去親近溪水，或俯瞰新寮瀑布，悠哉享受負離子拂面。

新寮瀑布位於冬山河上游，終年水量豐沛，步道總長約900公尺，沿途峰巒起伏山林疊翠，走上十來分鐘即到終點。開闊攔砂壩，雪白飛瀑淙淙，清澈溪水蜿蜒，不假思索，我馬上脫下鞋子，一溜煙跑下去戲水，爬上一顆超大巨石，與瀑布近距離接觸。新寮瀑布是一條沒有腳力挑戰性，卻超好玩的步道喔。

旅遊資訊

地址：宜蘭縣冬山鄉中山村新寮二路盡頭，或GPS定位於新寮二路269號
電話：(03)958-1869（中山社區發展協會）；(03)958-0169（林務局冬山工作站）
時間：07：00～18：00，例假日會有總量350人管制，平日無管制

蜿蜒彎曲版的天堂之路

三奇路伯朗大道（天堂路）

某天在電視上看到一則新聞，冬山鄉一條九彎十八拐的鄉間稻田小路爆紅，被稱為宜蘭版伯朗大道、天堂之路。這畫面有著莫名熟悉感，原來這是兩年多前，黃金屋民宿的林老闆帶我探訪的水鳥保護區秘境呢！除了彎到非常誇張的小徑，更有十幾棵列管保護的宜蘭老樹；三奇路上並沒有制高點喔，新聞畫面的高空稻田景致，可是攝影師搭著吊車取景的喔。

三奇路的路寬非常窄小，有好幾個M形彎道相連，會有如此夢幻景色，是因這裡是水鳥保護區，稻田道路不能重劃，保留最原始馬路風貌，原因跟頭城的M形單車小徑一模一樣

呢！在三奇天堂路，最適合走路漫步、騎車悠遊，別忘了尋找一下蒼勁挺拔的老樹、盤旋飛舞靜靜休憩的水鳥，你會得到與趨之若鶩的觀光客截然不同的旅行氛圍。

旅遊資訊
地址：宜蘭縣冬山鄉三奇村
三奉路 77 號（奉尊宮後面）

左：稻穗金黃小路跳躍吧！　右：三奇路藏了獨特老樹喔！

木頭做的單車，時髦

WOOD AXANG
閑工夫木頭腳踏車

　　熱愛收藏古董單車的陳明祥老闆，本身是位室內設計師，熱愛木工設計的精品。因自己常騎腳踏車運動，有次突發奇想，使用木頭打造一台單車，騎起來竟然非常舒服，後來才知原來單車最早起源便是木製。

　　木頭腳踏車一台售價約 10 萬，有腳煞和手煞兩種，透過租借也能享受奔馳快感，流線造型超吸引遊客目光，騎起來更是超級省力，不需用太多力就能一直滑行。腳煞是單車最原始煞車方式，彷彿回到了當初腳踏車剛誕生的年代。老闆還有台木頭摺疊帆布船，有機會真想試試看呢！

旅遊資訊

地址：宜蘭縣冬山鄉大埤五路 208 號
電話：0978-170786（最好前一日預約）
費用：每小時 300 元

根本就是在歐洲小鎮

飛行碼頭咖啡

優雅藍色建築，斜屋頂加摺耳窗，紅磚復古煙囪，像來到了歐洲小鎮。這是一間退役女空服員的家，緊鄰一旁的優雅玻璃屋，是卸下飛行生活後的停泊站。主人在十七年工作生涯間，收集世界各地的鴨子，變成店內的逗趣擺飾，因此飛行碼頭也名為鴨子碼頭。

咖啡屋裡設計頗為奇幻，中間走道位置，洋溢繽紛色澤，後方位置區域，散發慵懶氣息，酒紅色沙發、黑色皮沙發、低矮小木桌，多扇玻璃窗設計，藍色美麗莊園隨側，還真以為自己是皇室貴族呢！焦糖瑪奇朵奶香濃郁，再點一份水果冰淇淋鬆餅，加了兩球義大利手工冰淇淋，鋪上滿滿新鮮水果，鬆餅口感偏Q不乾。午後時光，來飛行碼頭吃份下午茶，享受片刻小確幸吧。

旅遊資訊

地址：宜蘭縣冬山鄉大埤二路 176 號
電話：（03）951-1767；0931-070334
時間：週一、三、四、五 10：30 ～ 18：00，週末 10：00 ～ 20：00，週二公休

隱藏地平面下的烤雞美味

大進烤桶仔雞

旅遊資訊

地址：宜蘭縣冬山鄉大進路 438 號
對面停車場下方（順進蜜餞對面）
電話：(03)961-0510；0937-161054

大進休閒農業區的順進蜜餞對面，藏了一間有著美味烤桶仔雞的小炒店，這也是明水露民宿的愛吃鬼女主人強力推薦。記得先電話預訂烤桶仔雞，因為要烤一個小時。雞裡塞了一些香料植物，以木柴微火燻烤，烤到整隻金黃微焦，再撕成一塊塊雞肉片，濃郁雞汁便是沾醬，更是白飯最佳搭配。雞肉口感不柴不乾，嫩嫩帶些 Q 勁，果然是放山雞。家常菜脯蛋、新鮮大隻炸溪哥、馬告雞湯獨特香氣，都是人氣必點，這間店隱藏在地平面下，只有饕客才知啦。

烤到超酥脆的放山土雞，現點現烤喔，記得電話先訂。

五結鄉

冬山鄉

蘇澳鎮

南澳鄉

172

被震碎的臭豆腐，超嫩

大進圓環臭豆腐、烤香腸

　　從梅花湖往大進村的小圓環，有兩間飄香路邊攤，賣著邪惡國民小吃，臭豆腐、烤香腸香氣無形引誘。

　　先在第一攤點一份現炸臭豆腐，配碗豬血湯、米粉羹。臭豆腐炸到外皮酥脆，還爆出豆腐漿，一看還以為老闆技術不好；像是蒸蛋口感的綿密豆腐，有夠獨特也非常好吃，這可是以中藥去浸泡的唷！

　　一旁烤香腸香氣一直飄過來，不買一支真對不起自己。肥瘦各半的香腸烤到微焦，配上自己剝的蒜頭，噴，咬下去會噴汁哩！烤甜不辣也是必點，下午茶，一次兩攤，超過癮。

臭豆腐和烤香腸就在隔壁，兩攤都一定要吃啦。

旅遊資訊

地址：宜蘭縣冬山鄉梅湖路與三清路交岔路口

臭豆腐跟粉圓冰是絕配。

報春嬌名字，粉圓會多一些喔

無名燒粉圓冰

　　媽呀！快要比我臉還大的粉圓冰，採用黑糖細火熬煮粉圓，彌漫一份清新淡香，口感 QQ 滑順有嚼勁，是失傳已久的古早味。除了粉圓，還聞到陣陣豆腐香，原來也有賣國民小吃臭豆腐，而且是加上酸菜喔！這口味還真獨步全台，美味啦！附近柑仔店的春嬌阿姨跟我說，只要跟粉圓店說是春嬌介紹來吃的，粉圓還會加量不加價，還真的有效哩，快來試試看！

旅遊資訊

地址：宜蘭縣冬山鄉冬山村冬山路 69 號
電話：(03) 959-3904

五結鄉

冬山鄉

蘇澳鎮

南澳鄉

同場加映 ▶ 自己舀零嘴的古早味

春嬌柑仔店

　　冬山市區有間秤斤賣的蜜餞零食，1 斤價錢約 8 到 15 元，拿起塑膠袋自己舀，愛吃什麼就自己裝。有個酸酸甜甜的神秘果，是春嬌阿姨推薦啦。來這裡就像是回到小時候的柑仔店，裡頭還有懷舊玩具，一起重溫兒時美好回憶吧。

春嬌阿姨超熱情。

旅遊資訊

地址：宜蘭縣冬山鄉冬山村冬山路 239 號

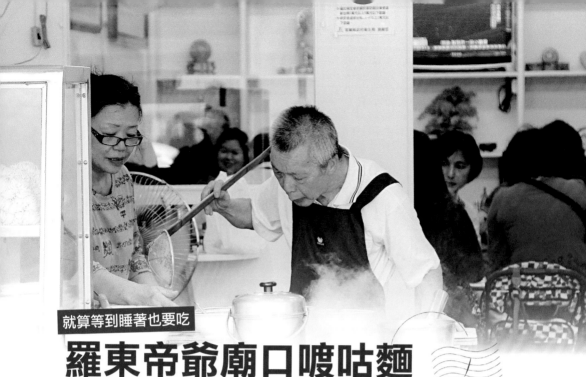

就算等到睡著也要吃

羅東帝爺廟口喓咕麵

源自於民國 47 年帝爺廟旁小平房，一開始是賣挫冰，後來才開始賣乾麵。因煮麵需要時間，吃的人也多，常有人等到睡著，被戲稱為喓咕麵；後來移到冬山現址，昔日阿公煮麵身影依舊。而在地人對喓咕麵的深刻印象是，有位記憶力非常好的阿嬤，不論誰先到誰晚到，誰點幾碗，誰坐哪裡，都能夠快速唸出，甚至有人稱之為國寶呢，但現在已改成拿號碼牌了。

駝背阿公認真煮麵，流露出對一碗麵的情感，看了著實令人感動；乾麵上桌飄散淡淡鹹香，摻上一些油蔥芹菜，自己灑上烏醋、白醋、黑胡椒、特調辣椒，像傻瓜乾麵吃法。餛飩魚丸採用大骨湯，喝起來多了份濃郁美味。一碗簡單平凡乾麵，卻是愈吃愈順口。這是羅東人記憶裡的古早滋味，一起來喓咕吃麵吧。

等到喓咕也要吃，加上辣椒胡椒，才是行家吃法

旅遊資訊

地址：宜蘭縣冬山鄉廣興路 182 號
（廣興派出所對面）
電話：(03) 961-0120
時間：10：00 ～ 18：30

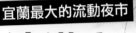

宜蘭最大的流動夜市

清溝夜市

旅遊資訊
地址：宜蘭縣冬山鄉清溝路 81 號
時間：每週三 18：30

怎麼每個人都穿著拖鞋短褲，悠哉走在擺滿攤販的鄉間小路呢？這是一個非常神秘的夜市，問起宜蘭人，大概有一半的人不知有這夜市存在，因為只有每週三晚上才能見到清溝夜市的蹤跡。

清溝夜市攤販星期一到星期日在蘇澳、三星、員山、頭城、礁溪等地輪流擺攤，彷彿像是遊牧民族。不用去羅東夜市人擠人，這種擺在路旁的夜市更是小時候的回憶。清溝夜市總長約 1 公里，是宜蘭最大的流動夜市，讓你逛到腿軟吃得過癮。

三杯魯味、藥膳排骨、窯烤Pizza、麻油雞、蔥油餅、臭豆腐、燒烤、雞排等小吃應有盡有，邊走邊買、邊逛邊吃，還有一些小遊戲攤可玩，像是小孩最愛的小叮噹旋轉杯。在長達 1 公里的夜市來回逛一圈，樂趣十足還能走路消耗卡路里，不過因為只在星期三開，觀光客想來一睹其風采，還真不簡單呢。

五結鄉

冬山鄉

蘇澳鎮

南澳鄉

我就愛這種排在馬路兩旁的夜市，小時候回憶。

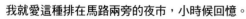

魚丸米粉

魚丸米粉配燙魷魚，超搭

旅遊資訊
地址：宜蘭縣冬山鄉成興路 31 號
民宅旁Ｔ字形路口
電話：(03)959-0772

美秀的店（魚丸米粉）

　　來去冬山吃早餐囉！魚丸米粉配上五味魷魚，可是在地人最愛的宜蘭味，魚丸米粉撒入滿滿乾蝦米、韭菜，湯頭洋溢蝦米鮮甜香味；米粉及魚丸的口感較為軟嫩，油豆腐吸滿了湯汁，撒上黑胡椒攪拌一下，入口滋味真是幸福；發過魷魚沾上五味醬，下面鋪著豆芽菜，清脆爽口。店內也有賣蒜泥白肉小菜喔！冬山的早餐真是五星級啊！

蝦米加超多的魚丸米粉，再搭配一盤五味魷魚，好過分。

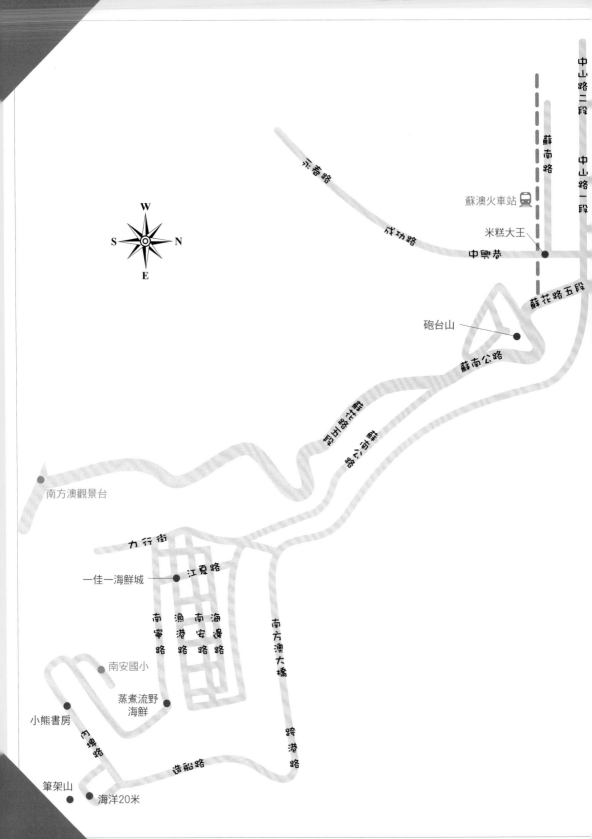

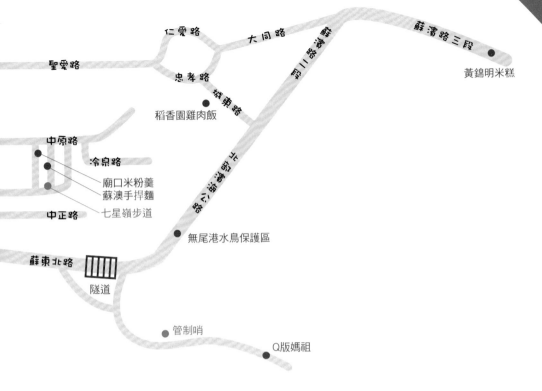

聖愛路

仁愛路　大同路　蘇濱路三段

忠孝路　　　　　　　　黃錦明米糕

城東路

稻香園雞肉飯

中原路

冷泉路　　　　北濱路二段

廟口米粉羹
蘇澳手捍麵

中正路　七星嶺步道

無尾港水鳥保護區

蘇東北路　隧道

管制哨　Q版媽祖

Chapter 11
蘇澳鎮

可愛繽紛媽祖，藏在神秘軍港裡

進安宮Q版媽祖

戒備森嚴的海軍軍港，竟藏了一尊由青斗石原石雕刻而成，約 12 噸重、10 呎高的海軍 Q 版媽祖，彷彿是被小叮噹放大燈照過一樣，而這間廟的廟公竟是部隊的連長呢！

在清朝時期，許多漁民居住於北方澳漁村，靠討海為生，從民國 51 年舊照，仍可見到進安宮的熱鬧戲棚。民國 60 年，政府為了興建蘇澳中正基地，將北方澳居民全部遷移到南方澳，但媽祖卻不肯搬離，筊杯時筊不出聖杯，所以有媽祖廟留在軍

左：北方澳漁村舊照。　中：進去要換證喔。　右：圓嘟嘟的媽祖超可愛啦。

港的奇景。

　　Q版媽祖坐落海軍軍港裡，如果想來一睹可愛風采，騎車、步行統統不准，得要開車才行。在軍營門口登記證件後，就會有一個憲兵坐在後座，一路引領到軍港內的進安宮；如果路途上想要拍照就會被制止，只能朝著廟宇方向拍。那時我心裡想的竟是：「你是幾梯欸！」

　　進安宮下方階梯有兩隻石獅子，信眾會把錢幣丟進嘴巴祈福祈願，被稱為許願獅；階梯右側上方，仍可見昔日北方澳漁村破舊屋舍，對照軍港現況，有著歲月滄桑之感；階梯終點，可見一尊微笑親切的Q版媽祖，還帶著些許腮紅呢！頭頂上串珠像極可愛糖葫蘆，後方是交趾陶黏貼而成的龍、金魚、章魚，彷彿海上龍宮呢！

　　北方澳進安宮從清朝建立至今，已有兩百多年歷史，廟裡的媽祖神像，原本是與一艘福建船隻在北方澳躲避颱風，後來不願回去福建，就成了進安宮的開基媽祖。這間軍港廟宇據說很靈驗，不妨來一趟Q版媽祖療癒之旅吧。

旅遊資訊

地址：Google 定位輸入北方澳，從蘇澳走台二省道蘇東北路往北，經過蘭陽第二隧道前，走右方小路往上，到底後右轉直行，即是蘇澳軍港。
開放時間：平日僅接受團體進香，請洽詢南方澳進安宮的邱德清先生0922-902335。假日去訪請務必開車，並備妥身分證。08：30～11：30、13：30～16：30 兩個時段開放。

七星嶺步道

　　相信嗎？只要走十幾分鐘便能一眼盡覽港灣漁村的世界級美景，北方澳軍港、海軍軍艦、南方澳漁港、蘇澳市街景、白米木屐村、浩瀚太平洋、峰巒疊翠，一一盡收眼底，就在這條七星嶺步道。

　　七星嶺步道海拔 230 公尺，全長約 4,750 公尺，曾為先民越嶺古道。山下為蘇澳冷泉公園，東側緊鄰蘇澳港，北方為蘭陽平原，南緣是蘇澳市鎮，東南方為南方澳漁村。來七星嶺，午後時光造訪最佳，太陽順光

五結鄉

冬山鄉

蘇澳鎮

南澳鄉

左上：北方澳軍港軍艦一覽無遺。　左下：南方澳彈弓形狀的跨港大橋耶。
右上：蘇澳市區、白米木屐村即景。　右下：南方澳漁村和筆架山耶。

照射，港灣天空更加蔚藍，約半小時就能抵達步道 1,060 公尺處的六星觀海平台。我曾帶了幾個朋友來爬，因沿途都是往上階梯，朋友邊爬邊罵累，卻又一邊讚美壯闊景色，最後豎起大拇指：「真是超值得的啦！」

七星嶺步道上，每處都有不同風景：一星觀冷泉、二星觀蘇澳、三星觀群山、四星觀林相、五星觀港灣、六星觀海景。緩緩上坡的步道，都有林蔭遮蔽，行走 300 公尺僅約 8 分鐘，視野便逐漸開闊，港澳悄悄現身，筆架山、美人山、賊仔灣、豆腐岬、彈弓造型跨海大橋、雄偉軍艦、漁船漁舟、黃色怪手、房屋汽車……

等，搖身一變成了小時玩具，港灣更有如螃蟹伸出巨大雙螯模樣。

站上六星的觀海平台，鳥瞰一望無際的太平洋，不禁發出「登七星嶺而小天下」的讚歎，彷彿像齊柏林搭著直升機俯瞰台灣呢！幸運的話，還能見到蘭陽八景之一：湛藍天際船舶倒影的蘇澳蜃市喔！

旅遊資訊

地址：宜蘭縣蘇澳鎮冷泉路 6-4 號（步道入口位於冷泉公園後方）
電話：(03)995-3885（東北角國家風景區－南方澳遊客中心）
交通：國道五號下蘇澳交流道，沿著台九省道往蘇澳行駛，接到中山路一段後進入市區，遇到冷泉路後左轉進入可見冷泉公園，步道口位於冷泉公園左後方。

悠哉看海的設計風小學

南安國小

五結鄉

冬山鄉

蘇澳鎮

南澳鄉

　　坐落南方澳山頂的南安國小，是最適合看海的小學；坐擁 360 度環繞視野，蔚藍太平洋海景、白色彈弓造型的跨海大橋、寧靜內埤漁港、熱鬧南方澳漁港、雄偉軍艦林立的軍港、北方澳的山稜峽角、豆腐岬、內埤情人灣、烏岩角、烏石鼻……層層堆疊山巒延伸入海，眼前如同 Google 3D 實景一一浮現，如此美景也曾吸引知名歌手言承旭來此拍攝

左：不同角度的南方澳漁港。　　右：隱藏版的白色蘇澳燈塔。

《黑咖啡日記》MV。

　　往蘇澳港灣望去，可見三座紅綠白色系小燈塔，各自負責不同船隻指引方位，宛如墾丁星砂灣復刻版；白色燈塔是不開放入內的軍事燈塔，純白色系黑色塔頂姿態屹立山腰，洋溢著神秘夢幻氣息。

　　國小校門口，有南方澳鯖魚與旭日東升的繽紛彩繪；沿著小斜坡進入校園，綠意盎然的草坪令人心曠神怡；圍牆上彩繪著五顏六色的氣球，記載著孩子內心夢想；映入眼簾的建築時尚前衛，有著沉穩灰色的洗石子牆面、簡約俐落交叉而上的之字形樓梯，乍看以為是座海岸美術館呢，卻是學生上課的教室設計。

　　往教室最靠近海洋地方行走，有處挑高三樓的開放展演空間，牆上有七條長方形狀的鏤空設計，像是通往異度空間的神秘入口；還有一條空中走廊連結教室。在南安國小隨興倚靠欄杆，吹吹海風、發發呆、曬著太陽，享受單純平凡的幸福。

藍天、綠地、海洋，來南安國小看看海吹吹風吧。

旅遊資訊

地址：宜蘭縣蘇澳鎮學府路 122 號
電話：(03) 996-2664
交通：國道五號下蘇澳交流道後，沿著台九省道進入蘇澳市區，續行往南方澳方向，經過南天宮廟宇後左轉，沿著漁港旁的道路行走，之後於學府路右轉上山，即可抵達南安國小。

徜徉昔日軍事重地
砲台山

左：可見到蘇澳臨海景色喔。　右上：盤根錯節榕樹。　右下：昔日抗法砲台。

清光緒 10 年與法國爆發戰爭，法軍想入侵蘇澳港，當時清軍便在此架設火砲；光緒 15 年，清朝正式在此建立海防砲台和駐紮軍營，砲台山之名因而得之。昔日金刀比羅神社舊址就位於山頂，仔細尋找還可見石燈籠、神社參道喔！

砲台山海拔高度約 200 多公尺，視野展望極佳，兩三棵老榕樹枝葉盡情伸展，宛如天然大雨傘；山頂有個新建砲台，已失古意盎然之味。從缺口眺望，北方澳軍港、南方澳跨海大橋、蘇澳雙眼隧道口、太平洋，都清晰可見。來到蘇澳，上砲台山，緬懷一下過往歷史雲煙吧。

同場加映 ▶ **除了彰化，蘇澳也有一個迷你版的喔！**

扇形轉車台

五結鄉
冬山鄉
蘇澳鎮
南澳鄉

某次在砲台山上，意外看見山下鐵道旁有一個與彰化扇形車庫相似度 99％的扇形轉車台，台灣僅剩彰化、苗栗鐵道博物館及蘇澳可見到。轉車台是負責把傳統火車的車頭方向調換，不過鐵路電氣化後，火車雙向都有火車頭，轉車台就失去功用了。

旅遊資訊

交通：台九省道從蘇澳往花蓮，過了 105K 後慢行，回見到砲台山天君廟指引，右轉上山即可抵達砲台山。

電話：(03) 997-3421（蘇澳鎮公所）

陶醉南方澳港灣的慵懶小熊

小熊書房

怎麼有隻小熊偷偷跑到漁港嬉戲？這間坐擁寧靜港灣的太平洋店，與梅花湖畔截然不同。我造訪時，幸運地巧遇很親切的淡如姊。淡如姊一看到我馬上就說：「你怎麼整天都在宜蘭出沒啊……」這才發現我真的常賴在宜蘭呢！

太平洋店坐落南方澳漁港內側，不像市區那樣擁擠。格子狀玻璃落地窗，以紫白色調營造活潑氣息，空氣彷彿飄著薰衣草香；店內的繽紛座椅、手作小熊，攬入南方澳閒靜漁港風光；放眼望去是蓊鬱山景、廟宇屋舍、漁船小舟的協調組合。

三樓特地設置了兒童遊憩區，讓父母專心用餐，小孩專心玩樂，超級貼心哩！店內有些淡如姊的巧手布絨創作，像極置身小熊書房民宿呢！如果想看看大海，循著旁邊小路，走30秒，眼前所見就是太平洋。

旅遊資訊

地址：宜蘭縣蘇澳鎮內埤路 48-2 號
電話：(03) 996-1243
時間：平日 11：00 ～ 19：00，假日 10：00 ～ 20：00，每週二公休。

海洋20米

老闆阿布拉喜愛潛水，曾在內埤海灣海底發現美麗珊瑚礁世界，潛水深度距離地面 20 米，因而將店取名「海洋 20 米」，而陸地上 20 米的這間店，也是阿布拉的人生夢想。

阿布拉說在這個鳥不生蛋的地方開店，真需要極大勇氣，他也度過一段掙扎期，所幸美好事物終究會被發現，現在來到南方澳，不來海洋 20 米喝杯咖啡、吃份鬆餅，就太落伍啦！前身為民宿，後來改建為咖啡屋，屋內依稀可見當時民宿規格，風

海洋二十米，簡直就是希臘小翻版啦。

車造型的竟然是廁所呢！阿布拉喜歡嘗試新鮮事物，往地下室的樓梯，他還畫了帥氣的自畫像。

海洋 20 米外觀是迷人的藍白希

臘建築，不用出國，也能感受地中海異國風；眼前海灣便是情人沙灘，一路延伸至烏岩角海灣。我最喜歡坐在頂樓，面對著太平洋，點份愈來愈好吃的水果鬆餅和烤 Pizza，再點杯水果冰茶或咖啡。阿布拉說：「想坐多久就坐多久，即便假日也不趕客人，來這裡就是要放鬆的。」

有事沒事，我都會路過海洋 20 米，就像是踏進任意門，來到希臘一樣悠哉。

旅遊資訊

地址：宜蘭縣蘇澳鎮造船路 108 號
電話：(03) 997-3818
時間：平日 11：00 ～ 21：00，假日 11：00 ～ 22：00

> 同場加映　站在壯觀峽角眺望情人灣

筆架山

海洋 20 米左前方涼亭有條登山小徑，便是通往筆架山。沿途路徑明顯，危險之處都有繩索可拉。才走了三分鐘路程，往山下回頭一望，海洋 20 米、地中海 CASA，藍白風格的異國建築，驚喜發現小希臘情景。

繼續跟著阿布拉探險，拉著繩子下切斜坡，約十來分鐘便抵達一處懸崖礁岩小平台，腳下浪花氣勢磅礴，內埤情人灣躍入眼簾，巍峨蘇花大山橫列遠方，此景像是葡萄牙人航經台灣時，忍不住發出「Formosa」的讚歎，彷彿時空反轉見證歷史。

站在蜿蜒入海的筆架山岬角，

頗有從海中島嶼看台灣的獨特視野，更似一艘豪華郵輪停泊外海的高度。突然，瞄了一下下方懸崖，宛如萬丈深淵，腿不小心軟了一下呢！想登筆架山，建議穿著長褲長袖，攜帶登山杖，因為事後我發現，我在筆架山被隱翅蟲襲擊啦！

無尾港水鳥保護區

石板古井、石板老屋，宛如時空封印的無尾港聚落，由於出海口河道淤塞，呈現沼澤濕地，許多候鳥會來這裡過冬。水鳥保護區內有幾條步道，穿梭於木麻黃、海邊植物叢生的岸邊森林，蜿蜒情景像是龍貓小洞穴呢，當地人稱之為童話步道。

水鳥保護區裡有秘密基地、芝麻開門、五營兵將等景點，按圖索驥探訪，像是尋找童年回憶。步道會經過一間五營兵將的矮小廟宇，裡頭神明是稻草製作，色彩紙貼在臉部，手拿著棍棒兵器，令人非常驚喜。無尾港太平洋南岸，更是衝浪客喜愛秘境，港邊社區提供柴燒窯烤 Pizza、彩繪石頭魚、手工米苔目、草仔粿

的 DIY 活動。附近有間水鳥印象民宿，洋溢南洋禪意風情，我也很推薦入住喔。

童話小徑、五營兵將、石板屋，無尾港令人驚豔。

五結鄉

冬山鄉

蘇澳鎮

南澳鄉

旅遊資訊

地址：宜蘭縣蘇澳鎮蘇濱路一段 196 號
電話：（03）990-4360，洽無尾港港邊社區

蘇花公路上的無敵觀景台

南方澳觀景台

站上南方澳觀景台鳥瞰，你會發現底下的景致好像被照了小叮噹縮小燈，漁港、海灣、山丘、橋樑、人群、漁船、屋舍變得十分渺小，放眼望去的內埤小港灣、南方澳漁港，儼然是一個逼真 3D 模型，還能見到身材玲瓏有致的睡美人山喔。

我總喜歡從蘇澳開十幾分鐘的車，在這裡吹著徐徐山風，從山下吹來的風稍來了海味。有時木棧平台搖搖晃晃，因為大卡車剛從蘇花公路經過，有時又恢復了片刻寧靜。望著山下，藍綠橘紅的彩色聚落，海洋天空的蔚藍漸層，交織出最夢幻一幕。有事沒事就上來看看風景吧，把煩惱通通丟往山下，在這裡很忘憂！

齊柏林《看見台灣》翻版，全台灣視野最棒的觀景台。

旅遊資訊

電話：（03）995-3885（東北角國家風景區，南方澳遊客中心）
交通：從蘇澳走台九省道往花蓮，在 108K 處左側即是南方澳觀景台。

老闆詩詞造詣超強，順口溜更是一絕

蒸煮流海鮮

自創詩詞才華洋溢，調侃時事盡情揮灑，書法揮毫優雅美麗，很難想像這是海產店的老闆，名為「大鼎ㄟ」，講起話來如機關槍滔滔不絕，出口成章發揮得淋漓盡致。

蒸煮流有道鮍鱇魚名菜，因為處理過程繁瑣，很多人不喜歡賣，但老闆說鮍鱇魚在日本可是魚類極品，肉質緊實像龍蝦肉，膠原蛋白非常豐富，鮍鱇魚肝更是媲美鵝肝呢！想吃

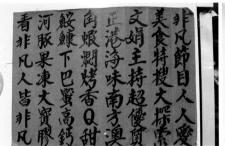

左：這些詩詞都是老闆創作寫的，才華洋溢。　右：每行第一個字都是一種魚的名稱喔！

鮟鱇魚創意三吃，鮟鱇魚肝沾上銀絲捲，簡直就是人間美味，大堡膠是老闆獨創，超推薦蒸煮流。

到美味鮟鱇魚料理，來這裡就對啦！

　　酥炸蜜汁鮟鱇魚下巴，炸到連骨頭都酥了，整隻魚下巴都可以吃進肚子，真是極品；鮟鱇魚肝採用調味清蒸，但可不是直接吃喔，要把炸過的銀絲捲沾上醬汁，撒上鮟鱇魚鬆，再把鮟鱇魚肝壓碎塗抹其上，然後直接放入嘴巴，哇！真是極品美食無誤！多層滋味在嘴巴裡舞動，老闆說老饕才懂得吃這味啦。店裡還有道甜點名菜叫大堡膠，是熬煮河豚皮而成，濃濃海洋膠質，入口即化，一點也沒腥味呢！

　　除了這幾道特色料理，也有賣其他各式海鮮喔！老闆都會自己到旁邊南方澳漁市挑選魚貨。我會知道這間店是海洋20米老闆介紹，立刻就喜歡上蒸煮流老闆的真性情。有時候他忙完還會跑到顧客旁邊，開始說唱逗趣，宛如是一場秀呢！

旅遊資訊

地址：宜蘭縣蘇澳鎮南寧路5號
電話：（03）995-5000；0932-089322

不輸羅東夜市的當歸羊肉

旅遊資訊

地址：宜蘭縣蘇澳鎮頂寮里牌樓旁（台二省道 160K 處）

電話：（03）990-3456

時間：06：00 ～ 16：00

價格：當歸羊肉湯 55 元

黃錦明米糕、當歸羊肉湯

想吃美味當歸羊肉湯嗎？不用跑去羅東夜市大排長龍啦！賣了20幾年的黃錦明米糕，也賣當歸羊肉湯這味喔！鐵皮屋裡一輛攤車飄香，隱身台二省道濱海公路，更是南來北往的大貨車司機最愛。

當歸湯香氣濃郁，羊肉新鮮川燙，口感偏向扎實，整碗料多實在；蒸籠裡，糯米、芋頭同時蒸炊，中藥熬煮的肉燥加在米糕上，吃起來很古早味；魯肉飯也添加筍絲，口味香噴噴；菜頭排骨湯更加了脆瓜，湯頭喝起來鮮美回甘，排骨入口即散，菜頭一咬即化。我每次來到宜蘭，一定會撥空來吃。

五結鄉

冬山鄉

蘇澳鎮

南澳鄉

當歸羊肉很濃郁，米糕帶著芋頭香，私藏美味。

龍德小吃

米糕

菜頭排骨 當歸羊肉

40 40 40 50

冷飲料

花生湯加碰餅，行家才會這樣點

廟口米粉羹、花生湯碰餅

　　來廟口米粉羹，竟然不是點米粉羹，而是必點熱花生湯加碰餅。這間從民國 25 年營業至今的蘇澳老店，煮出來的花生湯又香又濃郁。老闆採用宜蘭砂地花生，顆粒較小，煮起來更綿密；花生入口，用舌頭碰一下馬上化開。壓碎的碰餅吸滿了湯汁，多了一份古早味。蘇澳碰餅跟南部不一樣，這裡的碰餅無糖分，表皮也較薄，才不會與花生湯互別苗頭。來廟口，一定要來碗花生湯，除了碰餅也可加油條唷！

我來這裡只吃美味的花生湯加碰餅啦。

旅遊資訊

地址：宜蘭縣蘇澳鎮中原路 6 號
電話：（03）996-5888
時間：07：00～17：00

創意無菜單料理，平價

稻香園雞肉飯

旅遊資訊

地址：宜蘭縣蘇澳鎮城東路 199 巷 1 號
電話：0956-895265
時間：12：00 ～ 19：00

五結鄉

冬山鄉

蘇澳鎮

南澳鄉

　　自己種植稻米，自己養雞鴨，再利用鴨子悠游於水稻田時，吃掉害蟲福壽螺。採用自然農法耕種的合鴨米，就是稻香園的堅持。

　　位置非常難尋找，但饕客都知道路。店內沒有菜單，點菜要跑到廚房，問看看老闆今天有什麼菜色，樣樣都是現場製作。招牌雞肉飯，是合鴨米淋上雞油湯汁，散發稻米的純粹香氣；翠綠蔬菜上擺滿切條蘋果，灑上芝麻、和風醬汁，色香味俱全；番茄炒皮蛋創意口味，可是招牌菜色；白斬雞肉質鮮嫩。稻香園，讓我一連吃了三碗雞肉飯，隱世美味。

不起眼的稻香園，老饕才知的美味，每道菜都用心料理。

一佳一活海鮮
古早味魚翅西魯肉

旅遊資訊
地址：宜蘭縣蘇澳鎮南安里漁港路 53 號
電話：（03）995-2191

沒吃過這麼好吃的西魯肉

一佳一海鮮城（西魯肉）

來南方澳不吃海鮮，卻吃宜蘭名菜西魯肉，有沒有搞錯？位於漁港旁的一佳一海鮮城，可是老饕最愛呢！老闆從小在廚房跟著爸爸學習西魯肉的手路菜手藝，經過 40 幾年依然沿襲傳統做法。魚翅西魯肉的豐富配料有魚翅、大白菜、金針菇、香菇、炸排骨、筍絲、蛋酥等，一上桌還不能馬上吃，要等待大火滾燙煮了約十來分鐘，食材漸漸吸收湯汁，每一口都會燙舌，非常銷魂哩！而有道乾煎小捲，一口咬下是黑色墨汁，軟嫩口感亦是必點啦！來南方澳吃西魯肉，是行家才知道的事喔！

記住！西魯肉、乾煎小卷一定要點，西魯肉要滾久一點再吃喔！

餛飩 餛飩 紫菜 紫菜 貢丸 餛飩 餛飩 湯 乾
紫菜 貢丸 貢丸 菜 丸 飩 飩
菜 丸 丸 湯 湯 湯
湯 湯 湯 湯 湯 湯 麵 麵 麵

50　50　40　20　20　小30　小50　小35　小35
　　　　　　　　　　　大60　大65　中55　中55
　　　　　　　　　　　　　　　　　大70　大70

營業時間：　：　～　：　（每週日公休）

生餛飩60粒100元

手桿的就是不一樣

蘇澳手捍麵

　　蘇澳小巷子裡，有張招牌寫著手桿麵，內外牆壁黏上復古磁磚。老闆堅持手工桿製，麵條有粗有細，大小不一，口感上比較有Q勁，老店家通常堅持這道程序。淋上看似沙茶的自製醬料，麵裡配上清爽豆芽菜，均勻攪拌散發香氣，是種簡單平凡的美味。餛飩湯約有10顆，皮稍厚，內餡扎實。一早來到蘇澳吃乾麵，是我喜歡的幸福台式早餐。

旅遊資訊

地址：宜蘭縣蘇澳鎮新生路9之1號
電話：(03) 996-6563
時間：07：00～13：00，週一公休

除了手桿獨特口感，還有這瓢厲害的醬，這就是蘇澳人的早餐。

古早味炭火熬煮肉燥

正米糕大王

旅遊資訊

地址：宜蘭縣蘇澳鎮中正路 7 號
電話：（03）996-2807
時間：17：00 ～ 24：00

　　在蘇澳提到米糕，首推南方澳廖榮川米糕；然而蘇澳白米橋畔，有間據說與廖榮川師出同門，開了 30 幾年的正米糕大王。外觀毫不起眼，幾盞微弱燈光，還常常沒有營業呢！

　　正米糕大王，飄著古早炭香味，才發現他的肉燥採用木炭徐火慢焙，是老時代的細膩做法。從蒸籠舀出粒粒分明的糯米，鋪上酥脆魚鬆，幾片清脆小黃瓜，加上肉燥魯汁，米糕入口微微炭香，一點也不會油膩。常有在地人都吩咐老闆淋濕一點，更要點上一碗燜煮的金針、苦瓜、菜頭

米糕有淡淡炭香味，
一整個古早味。

排骨湯，口味不輸廖榮川米糕呢！希望你也有好運氣，遇到老闆開店的時間唷！

Chapter 12
南澳鄉

鹿皮山運材道路

金岳瀑布入口

武塔火車站

武塔國小

金洋產業道路

南澳古道

上帝親吻咖啡
南澳天主堂

中正路

南澳國小

烏醋麵

建華冰店

蘇花公路

南澳鄉公所

南澳火車站

神秘沙灘

東澳
派出所

東澳火車站 🚃

蘇花公路

東澳路

蘇花公路九甲

蘇花公路二甲 ➒

東澳灣沙灘

蘇花古道
（大南澳越嶺段）

新澳隧道

朝陽路

朝陽漁港

W N
E S

原始粗獷版的七星潭

東澳灣沙灘

五結鄉

冬山鄉

蘇澳鎮

南澳鄉

還記得曾在蘇花古道大南澳越嶺段，看見的那片藍寶石海灣嗎？從東澳市區轉往海邊方向，宛如誤闖海角天涯樂園。海洋泛著漸層的螢光藍，圓潤鵝卵石細沙鋪滿海岸，南北兩側沙灘腹地廣大，山脈巍峨伴著雲霧繚繞，海浪捲石激起雪白浪花，彷彿像是原始版的夢幻七星潭。

北起烏岩角，旁側東澳嶺，南至烏石鼻，倚靠南澳嶺，東澳南北溪

左：東澳灣旁的粉鳥林漁港可愛地標。　中：東澳灣小徑遺世獨立。　右：只有行家才會來這裡玩。

匯流，綿延三公里海岸線，微
妙成了Ｕ形弧線，像是嘴角上
揚的微笑海洋。走在沙灘上，
五顏六色的礫石閃閃發亮；走
著走著，腳踝整個陷入沙堆
裡，索性脫掉鞋子恣意奔跑，
感受土地賦予的熱情溫度。坐
在海邊，聽著浪聲悅耳樂章，
仰望群鳥飛舞天空；望向大
海，蔚藍清澈海波粼粼閃耀，
偶見捕魚船隻緩緩通過，悠哉
享受著景色旖旎，遺世獨立的
東澳灣。

　　來到東澳灣，看是要靜靜
發呆，陶醉於慵懶時光，還是
放聲吶喊，釋放緊繃壓力。在
這裡，就連假日也沒什麼人，
隨意找個喜愛角落，放鬆地席
地而坐或大字躺臥，感受絕美
海灣的魅力吧！

旅遊資訊

地址：宜蘭縣南澳鄉蘇花路三
段 161 號
電話：（03）998-6080（詳情
洽詢東澳派出所）
交通：國道五號下蘇澳交流道
後，沿著台九省道往花蓮方
向行駛。經過東澳國小後，右
邊會看見東澳派出所，左轉進
入；經過行澳橋後，即可抵達
東澳灣沙灘。

沒說你絕對不會知道的絕美海灣

山岩礫灘

　　若真的要票選宜蘭最美沙灘排名，這處隱匿於粉鳥林漁港旁的小港灣，絕對是我心目中的 No.1。還記得兩年多前來訪時，可是要側身鑽爬過消波塊呢，現在已有小山徑，爬上爬下僅需 1 分鐘時間即可抵達。映入眼簾的 U 形海灣，海水透藍清澈見底；巨大礁岩坐落海平面，微妙組成「山」字形狀；右側前方是烏石鼻保護區延伸入海的峽角，看似一隻泡在海裡的慵懶烏龜！這個擁有世界級海景的絕世秘境，被我稱為山岩礫灘。

左上：右側突出峽角是烏石鼻喔。
左下：遠方峽角是烏岩角喔。　右：以前要來這裡可要鑽過消波塊呢，好懷念。

左：像被刀子劈過的一塊塊巨岩奇觀。　右：我朋友全副武裝來潛水，好多熱帶魚喔。

山岩礫灘鋪滿灰黑色石頭，參雜白色紋路，渾然天成的大自然之作；海水波浪宛如湖泊般平穩寧靜，海浪漣漪波紋，泛著陽光閃耀動人，幾乎分不清湛藍海水與蔚藍天空的交界點。續往南邊海岸前行，礫石沙灘漸漸消失，取而代之的是岩岸地形，礁岩佈滿彈塗魚及螃蟹；回眸一看才赫然發現，海洋礁石彷彿被利刃切割，鬼斧神工流利線條的岩石，讓人嘖嘖稱奇呢！

山岩礫灘地理位置極佳，左擁圓潤東澳嶺及烏岩角，右抱烏石鼻峽角保護區，左倚藍寶石東澳灣沙灘，山岩礫灘彷彿被呵護的小寶寶。偷得浮生半日閒，不如來這裡發呆吧。

旅遊資訊

地址：宜蘭縣南澳鄉東岳村蘇花路三段 161 號（東澳派出所）
電話：（03）998-6080（東澳派出所）
交通：國道五號下蘇澳交流道，沿著台九省道往花蓮方向行駛，抵達東澳後經過東澳國小，左邊會看到東興食堂，此時左轉進入即可抵達粉鳥林漁港，山岩礫灘可從消波塊旁小山徑走過去。

看見藍寶石藍眼淚的東澳灣

蘇花古道—大南澳越嶺段

從烏石鼻岬角、東澳灣，一路綿延至烏岩角，從蘇花古道望出去的東澳海岸線，宛如一滴唯美藍色眼淚，一池透藍夢幻潭水，翩然現身。

眺望東澳灣、烏石鼻岬角的最美路段落於 0.6K 的觀景平台，因此，我們從蘇花公路 124K 處的新澳隧道旁的烏石鼻戰備道路步行進入，走一段約 3.2 公里的蘇花舊道，就可抵達蘇花古道—大南澳越嶺段的北端入口。戰備道路平緩易行，走約 20 分鐘即可見到碧藍色的東澳灣。

續行，發現烏石鼻戰備道坍方，需高繞一段山林步道約 20 分

五結鄉　冬山鄉　蘇澳鎮　南澳鄉

左：戰備道路上常可見到許多老鷹、野生動物喔。　右：走 3.2K 的路後才能抵達南澳古道入口。

左：藍寶石、藍眼淚，夢幻的東澳灣　中：東澳灣小徑、村落，無與倫比現身。
右：抵達視野最佳的平台卻起了大霧，下次再戰。

鐘，即可接到戰備道 0.8K 處，這裡有個視野絕佳賞景點，東澳海灘、巍峨山岳、東澳鄉鎮，驚豔美景映入眼簾。

此時薄霧逐漸變濃，沒多久眼前就是一片白茫茫。續行約 10 分鐘，即可抵達 3.1K 的北端入口，牛隻、挑擔、挑材的入口意象，述說著先人生活史。接著正式踏入蘇花古道—大南澳越嶺段，回想前段的烏石鼻戰備道路，我們走了約 90 分鐘呢！沿途雜草較多較高，建議攜帶登山杖喔。走在古道上，原始林相附著原生蕨類，萬籟俱寂的寧靜氣息，超有穿越時空的美麗錯覺。

大約 25 分鐘，就抵達了 0.6K 的觀景平台，可惜濃霧籠罩森林，平台上約 270 度的觀景視野，盡是一片白茫茫景色，只能看著指示牌過癮。這裡海拔雖不高又靠海，卻是氣候分界嶺，北側迎風面常陰雨綿綿，南側背風面常氣候乾燥，也難怪我們出發當天明明是好天氣，到了這裡卻置身高山濃霧之中。若想要見到晴空萬里的烏石鼻海景，就要趁中午前抵達 0.6K 觀景平台喔！

這次探訪蘇花古道—大南澳越嶺段，慶幸能在烏石鼻戰備道路見到了美輪美奐的東澳海灣，宛如天堂遺落的藍寶石海景，足以代表台灣最美景色之一。但這裡卻鮮少人知道，經過實地走訪後發現其實很容易抵達呢！不妨計畫一下，來趟跨越東澳南澳山之巔海之涯的古道巡禮吧！

旅遊資訊

電話：(03) 954-5114（羅東林區管理處轉育樂課）
交通：從蘇澳走台九省道蘇花公路往南過了東澳，約 124K 後會遇到新澳隧道，左側即為烏石鼻戰備道路，左方有小路邊停車場，過隧道後迴轉回來停車，從旁邊烏石鼻戰備道路步行進入。
注意事項：若想走完全程的蘇花古道，建議事先做好接駁交通，北端走到南端或南端走到北端，皆需原路折返，否則就要透過計程車從兩端接送喔。

南澳最沁涼的溪流
金岳瀑布

如果你喜愛山林、熱愛玩水，那麼你一定會愛上南澳，這裡有群山翠嶺的鹿皮溪谷，有個容易親近的金岳瀑布。從停車場走兩、三分鐘到了階梯尾段，泛著螢光碧綠的溪谷就在眼前。

溪流裡有小石階，小心翼翼走過去，就能夠抵達金岳瀑布，巨石林立、溪瀑淙淙。有處原始天然滑水道，是當地小孩最愛，一溜煙爬上爬下，動作如猴子靈敏，順著水往下衝，激起水花四濺，或騰空翻轉，跳

五結鄉

冬山鄉

蘇澳鎮

南澳鄉

上：金岳瀑布的深潭呈現螢光碧綠色澤。
下：我我我……跳拍跳水啦，有夠爽的。

左：我超愛玩水，一整個像小孩子一樣。　中：哇！天然划水道……　右：崇山峻嶺裡的深邃峽谷。

進深邃碧潭，彷彿奧運跳水比賽。

　　我和朋友找了塊淺水域，也一股腦兒地跳下水，陣陣冰涼之意直達腦門，馬上大喊：「有夠爽！」還學小朋友爬上小巨石奮力往下跳，我的重量激起宛如海嘯水花，朋友在旁笑得合不攏嘴。浸泡在南澳山林的溪流裡，感受大自然的水漾脈動，來金岳瀑布拋棄煩惱，重拾人類最初感動吧。

坐在金岳瀑布的大岩石發呆一下吧。

旅遊資訊

地址：宜蘭縣南澳鄉蘇花路二段 419 號

電話：（03）998-1150（建華冰店為旅遊諮詢站）

交通：國道五號下蘇澳交流道，沿著台九省道往花蓮方向行駛，抵達南澳市區後，經過 7-11、鐵軌、南澳橋後會經過武塔火車站，過橋後約幾百公尺路程注意右側，有寫著金岳瀑布指標，右轉進入即可抵達。

尋找海蝕洞，GO

神秘沙灘

在媲美清水斷崖的萼溫斷崖下，隱藏一條清朝開山撫番的蘇花古道，當時踏浪踩石的驚險模樣早已不復存，與阿朗壹古道倒有一些神似。

這段沙灘現屬觀音海岸自然保護區，也是大家常說的南澳神秘沙灘。

寂靜遼闊的礫石沙灘，伴隨壯麗的高聳峭壁，海浪激起雪白浪花；

五結鄉

冬山鄉

蘇澳鎮

南澳鄉

左：看海吹海風的帥氣青年——日光冠頭。　右：是誰拿白色糨糊把岩石黏在一起。

左：走在高聳斷崖下，讚嘆人之渺小。　右：哇！看到海蝕洞囉，探險去囉。

垂直斷崖緊鄰海岸，受到東北季風浪潮長期侵蝕，形成好幾個巨大海蝕洞；彎月弧形的海岸線一眼望去，彷彿是摩西開了一條看不見盡頭的沙灘路，一路綿延至一望無際的天涯海角。

踩踏在鵝卵石海灘上，質地卻是異常鬆軟，有著踩一步陷一腳的樂趣；往北望是壯觀的烏石鼻岬角。沿途有塊詭異天然巨岩，像是用白膠把岩石黏起來，讓人忍不住多摸了幾下。爬上緊鄰海洋的巨石，或躺或站，宛如海中王者呢。

一路往南步行，有時還見到沙灘車呼嘯而過，但我們喜愛雙腳走出來的時速5公里的風景。被海沖上岸的漂流木，被我們當作登山杖。突然間彷彿走入四度空間，終於來到第一個海蝕洞，海浪聲響輕柔迴盪耳邊，南北方向望不到盡頭。靜靜坐在海蝕洞前，發呆看海，躺著睡一覺；我們一群人玩起瘋狂跳拍，盡其所能跳躍

釋放壓力。神秘海灘有種神奇魔力，讓人忘卻塵囂忘記時間。

神秘沙灘最適合搞笑跳拍啦。

旅遊資訊

電話：(03) 998-1150（建華冰店為旅遊諮詢站）
交通：國道五號下蘇澳交流道，沿著台九省道往花蓮方向行駛，抵達南澳市區後，左轉消防局前的南澳路，遇到南澳南路後右轉直行，循著定置漁場的指示即可抵達神秘沙灘。

螃蟹爬滿消波塊的漁港

朝陽漁港

南澳朝陽里位於大南澳海濱，昔日地名為「那娘仔」，既非台語也非原住民語，而是日軍艦名「浪速」意思。日治時期 1985 年，日本軍艦浪速在此登陸，便以船名為地名紀念。

小漁港裡很安靜，海鷗展翅飛翔天際，成群螃蟹大剌剌曬日光浴，

五結鄉

冬山鄉

蘇澳鎮

南澳鄉

左：滿載而歸的漁船。　右：跳躍的海堤，宛如乘風破浪。

左：透明海水上的消波塊有一堆螃蟹在曬日光浴。　右：一抹抹白色浪花好像下雪了。

偶有漁船進出港口。站在堤岸，前方是浩瀚太平洋，左側是延伸入海的烏石鼻峽角，右側是聳立雲端的莎溫斷崖，亦是神秘海灘的方向所在；背後是雄偉秀麗的中央山脈，群山繚繞生機盎然，而海浪捲石聲、山風海風吹拂聲，演奏著一曲午後樂章。

漁港裡有座小燈塔，漆著鮮少見的黃色系，洋溢了法式異國情調；堤岸有著二層樓高度，行走其上可得要當心。漁港內的太平洋是碧綠色，漁港外的太平洋是蔚藍色，倒是讓我想起了藍綠和解的戲碼呢！

消波塊上爬滿螃蟹和彈塗魚，是另一種海中奇景；海鳥遨翔天際，似乎與我比悠閒。走下沙灘，來到南側的半心圓海灣，脫掉鞋子襪子，享受踏浪樂趣。不小心找到一個小海蝕洞，彷彿是秘密基地，窩身裡面躲著陽光，靜靜聆聽靜靜看海，是一種回歸原始的幸福感。

朝陽漁港看似安靜，但每當下午三、四點漁船魚貨進港時，可是會非常喧鬧吵雜呢，拍賣結束後人去樓空，立即恢復一片寧靜，是不是很有趣呢？

這裡也有小海蝕洞耶。

旅遊資訊

地址：宜蘭縣蘇澳鎮朝陽路 1 號
電話：（03）998-1915（南澳鄉公所）
交通：國道五號下蘇澳交流道後，沿著台九省道往花蓮方向行駛，抵達南澳市區後左轉消防局前的南澳路，直行到底即是朝陽漁港。

世外桃源的露營秘境

武塔國小

旅遊資訊

地址：宜蘭縣南澳鄉武塔村新溪路 1 號
電話：（03）998-1632

紅瓦白色校舍，鑲上泰雅圖騰；優雅紅土操場，綠草如茵如毯；翠綠山林環抱，綠色隧道小徑，這裡是遺世獨立的小學，武塔國小。公視有部戲劇《你是春風我是雨》，裡頭的杉湖國小便是在此拍攝。常可見遊客愜意坐在樹下乘涼，學生奔跑嬉戲，玩著一二三木頭人、老鷹抓小雞、捉迷藏等遊戲，重拾童年兒時回憶。校園一隅，好幾頂繽紛色彩的帳篷，來武塔露營，也很有趣喔！

左上：群山環抱的紅土操場，來跑個幾圈好了。　左下：好幸福的部落小學。
右：校園裡的綠色隧道，夢幻。

教堂外彩繪也頗有看頭

南澳天主堂

上：洋溢英式鄉
村風的宿舍。
中下：鮮豔細膩
的部落彩繪。

　　如果只是路過南澳，就不會發
現驚喜，不妨彎進部落小巷弄，就會
發現一座浪漫歐風小城堡，紅色鄉村
磚鑲著西式白色廊柱、拱窗，洋溢著
英式鄉村風格，這竟是棟美麗宿舍
呢！而前方空地上，有棟素雅灰色洗
石子外牆的天主教堂，牆面上一左一
右的白色十字架，相當醒目。南澳天
主堂創建於民國 37 年，由加拿大籍
神父華思儉建立。

　　教堂旁有座籃球場，常有原住
民青年在這裡打球，有機會不妨喊

旅遊資訊

地址：宜蘭縣南澳鄉南澳村中正路
37 號（南澳國小旁）
電話：(03) 998-1576

一下 play，一起鬥牛吧！教堂外的圍
牆，彩繪了台灣黑熊、藍鵲、搗米、
射箭、織布等繽紛圖案，更是不容錯
過呢。

跟花蓮慕谷慕魚很像喔

南澳古道

五結鄉

冬山鄉

蘇澳鎮

南澳鄉

　　南澳古道，一條紀錄原民故事的步道。幾百年前泰雅族人從中部向北、東遷徙，有一群族人從大甲溪上游、思源埡口、四季，向南澳遷移，古道是用來聯絡四季與南澳間的泰雅族社路，全長約 27.5 公里。日治時期，日本人為了控制南澳部落，把社路修築為警備道路，串連成極具規模的大南澳古道；後來原住民漸漸離開舊部落，古道因此淹沒在荒煙蔓草。

　　如今，林務局整理出約 3 公里的南澳古道前段，但因風災影響，在

左上：古道沿著溪谷往上緩行。
左下：昔日頹圮吊橋，彷彿時空凍結。
右：昭和五年十月的石碑遺跡。

1.5K～2.5K 路段有多處坍方，建議大家走到一號吊橋處便可折返。

前往南澳古道的路上，人煙稀少，我和朋友還以為車子走錯路，加上沿途蒼翠山林清澈溪流一路相隨，宛如誤闖桃花源秘境。

道路終點便是古道入口，以旋檀駐在所的遺址為起點，沿著溪谷一路蜿蜒而上，右側下方可見清澈的南澳南溪。沿路許多美麗楓香相伴，路徑大多是泥巴碎石，偶爾穿梭原始岩壁，林相茂密遮蔽了陽光，走起來相當舒適呢。

續往前行，會發現高度漸漸攀升，南澳南溪碧綠螢光色澤，像極了復刻版的慕谷慕魚呢！一號吊橋旁有塊斑駁石頭，刻著古意盎然的「昭和五年十月」；山邊有條蜿蜒溪流，從圓潤山頭淙淙流下，昔日舊吊橋頹圮橫跨其中。

南澳古道迂迴於崇山峻嶺，放眼盡是層層翠綠山巒，回到入口處下方，是溪水平緩的南澳南溪溪段。坐在大石上泡著冰涼溪水，看著小魚悠游、蜻蜓點水，宛如世外仙境呢。南澳古道，一個與世無爭的山林秘境。

上：一號吊橋的視野好像花蓮瓦拉米步道。
下：古道往下眺望，好像慕谷慕魚的溪谷呢！

旅遊資訊

電話：（03）954-5114（羅東林區管理處 轉育樂課）
交通：國道五號下蘇澳交流道後，沿著台九省道往花蓮方向行駛，抵達南澳市區後續行，約 136.1K 處右轉進入宜 57 鄉道，過金洋村後遇到叉路，直行才是往南澳古道，沿著產業道路直行約 11 公里，即是南澳古道入口。

必點傳教士冰和排骨飯
建華冰店

　　我每一年大概會開蘇花公路往返宜蘭花蓮十幾次，每次見到建華冰店，就覺得快到宜蘭、快到花蓮了，總不忘下來吃一下傳道冰，也超愛他的排骨飯。大家好像都以為只有賣冰，其實他們的飯類超推啦！

　　傳道冰由來是早期台灣物資運送不方便，傳道士傳教經過南澳時，不好意思麻煩教友準備，便會來到建華冰店，點了冰後，請店家加入各式各樣配料，並打上一顆雞蛋補充營養，當作是一個正餐，因此才得名傳道冰。

　　開了六十幾年的建華冰店，內外招牌非常復古，白色磁磚拼貼的製冰台，採用古老製冰方式及氣體管路，甚至隱藏了日治時期的製冰桶，儼然是 50 年代的場景重現；這裡也是南澳旅遊資訊的提供站。傳道冰上會加入一顆蛋黃，若不敢吃，點的時候記得吩咐不要加喔！三顆任選口味綿綿冰，加上綠豆、紅豆、大豆、粉圓、硬花生，再撒上花生粉，打上一顆蛋黃，視覺效果非常好，不知是否南澳水質特佳，冰吃起來非常清爽呢！

五結鄉

冬山鄉

蘇澳鎮

南澳鄉

上：不敢吃生蛋黃的記得叮嚀不要加喔。
中：加了小米酒的隱藏版冰品。
下：銷魂排骨飯，炸得好酥香。

衷心建議，先點一份排骨飯，炸得酥嫩的排骨超銷魂，再點一份傳道冰，保證帶著滿滿元氣、滿滿幸福感離開。

旅遊資訊

地址：宜蘭縣南澳鄉蘇花路二段 419 號
電話：（03）998-1150；0928-100995
時間：07：00～23：00

同場加映　像傻瓜乾麵的烏醋麵

烏醋麵

　　南澳除了冰店，烏醋麵也是人氣美食。別以為烏醋麵是酸溜溜口味，上桌的麵淋上咖啡色醬汁，微微酸度、回甘回甜的奇特口感，就像是傻瓜烏醋麵，拌一拌來吃算是開胃。而這一道剝皮辣椒雞湯，微辣的後勁湯頭，配上軟嫩的雞肉，喝起來很舒爽喔。

旅遊資訊

地址：宜蘭縣南澳鄉南澳村蘇花路二段 223 號
電話：0919-904947
時間：11：00～19：00

國家圖書館出版品預行編目資料

說走就走！跟著肉魯衝宜蘭！／肉魯著.
--初版.--臺北市：平裝本，2014.08
面；公分..（平裝本叢書；第399種）(iDO；
75)
ISBN 978-957-803-921-6(平裝)

1.旅遊 2.宜蘭縣

733.9/107.6　　　　　　　　103014196

平裝本叢書第 0399 種

iDO 75

說走就走!跟著肉魯衝宜蘭

作　　者—肉魯
發 行 人—平雲
出版發行—平裝本出版有限公司
　　　　　台北市敦化北路 120 巷 50 號
　　　　　電話◎ 02-2716-8888
　　　　　郵撥帳號◎ 18999606 號
　　　　　皇冠出版社 (香港) 有限公司
　　　　　香港上環文咸東街 50 號寶恒商業中心
　　　　　23 樓 2301-3 室
　　　　　電話◎ 2529-1778　傳真◎ 2527-0904
責任主編—龔橞甄
責任編輯—楊家佳
美術設計—程郁婷
著作完成日期— 2014 年 6 月
初版一刷日期— 2014 年 8 月

法律顧問—王惠光律師
有著作權 · 翻印必究
如有破損或裝訂錯誤，請寄回本社更換
讀者服務傳真專線◎ 02-27150507
電腦編號◎ 415075
ISBN ◎ 978-957-803-921-6
Printed in Taiwan
本書特價◎新台幣 320 元 / 港幣 107 元

● 皇冠讀樂網：www.crown.com.tw
● 皇冠Facebook：www.facebook.com/crownbook
● 皇冠Plurk：www.plurk.com/crownbook
● 小王子的編輯夢：crownbook.pixnet.net/blog

蝶古巴特

電話：0988-619568 洽鄭小姐
地址：宜蘭縣礁溪鄉份尾三路 200 巷 36 號

巴黎溫泉

電話：0925-227587 洽莊小姐
地址：宜蘭縣礁溪鄉時潮村大塭路 34-1 號

松語墅溫泉

電話：0988-219999 洽接待人員
地址：宜蘭縣礁溪鄉忠孝路 97 巷 45 弄 16 號

昀居溫泉

電話：0937-853151 洽陳小姐
地址：宜蘭縣礁溪鄉德陽村興農路 291 巷 25 號

多愛溫泉

電話：（03）988-0900 洽陳先生
地址：宜蘭縣礁溪鄉信義路 34 巷 2 號

夢想成真

電話：0958-452145 洽李先生
地址：宜蘭縣三星鄉上將路一段 368 號

仙朵拉城堡

電話：0975-287083 洽陳小姐
地址：宜蘭縣三星鄉大義二路 242 號

哈薩雅琪

電話：0911-828502 洽劉小姐
地址：宜蘭縣三星鄉大義二路 248 號

安農左岸

電話：0963-796779 洽鍾小姐
地址：宜蘭縣三星鄉尾塹村安農北路一段 315 號

五妍六舍

電話：0972-226578 洽陳小姐
地址：宜蘭縣三星鄉三星路二段 99 巷 75 號

米卡薩

電話：0955-727766 洽張小姐
地址：宜蘭縣三星鄉安農北路一段 316 號

小巷

電話：0922-550339 洽陳先生
地址：宜蘭縣三星鄉大埔中路 309 巷 106 號

玉蘭山徑小木屋

電話：0975-938778 洽蘇小姐
地址：宜蘭縣大同鄉松羅村玉蘭 38 號

貝悅

電話：0975-975556 洽張小姐
地址：宜蘭縣羅東鎮忠孝新村 21 號

Outside

電話：09633-82820 洽黃小姐
地址：宜蘭縣羅東鎮復興路三段 75 巷 152 號

月眉

電話：（03）950-6289 洽胡小姐
地址：宜蘭縣羅東鎮富農路三段 240 巷 33 號

憑券享平日或週六住宿折價 300 元 －本券限使用一次 －本活動有效期限至 2015/06/30 －本券不得與其他優惠併用，住宿前需先預約	憑券享平日住宿折價 200 元 －本券限使用一次 －本活動有效期限至 2015/06/30 －本券不得與其他優惠併用，住宿前需先預約
憑券享平日住宿折價 200 元 －本券限使用一次 －本活動有效期限至 2015/09/30 －本券不得與其他優惠併用，住宿前需先預約	憑券享平日住宿折價 200 元 －本券限使用一次 －本活動有效期限至 2015/09/30 －本券不得與其他優惠併用，住宿前需先預約
憑券享平日或週六住宿折價 280 元 －本券限使用一次 －本活動有效期限至 2015/09/30 －本券不得與其他優惠併用，住宿前需先預約	憑券享平日住宿折價 300 元 －本券限週一到週四入住樓中樓房型，一房限用一張 －本活動有效期限至 2015/06/30 －本券不得與其他優惠併用，住宿前需先預約及匯款
憑券享平日住宿折價 300 元 －本券限使用一次 －本活動有效期限至 2015/12/31 －本券不得與其他優惠併用，住宿前需先預約	憑券享平日住宿折價 300 元 －本券限使用一次 －本活動有效期限至 2015/06/30 －本券不得與其他優惠併用，住宿前需先預約
憑券享平日住宿折價 200 元 －本券限使用一次 －本活動有效期限至 2015/09/30 －本券不得與其他優惠併用，住宿前需先預約	憑券享平日住宿折價 300 元 －本券限使用一次 －本活動有效期限至 2015/12/31 －本券不得與其他優惠併用，住宿前需先預約
憑券享平日住宿折價 500 元，或假日住宿折價 200 元 －本券限使用一次 －本活動有效期限至 2015/06/30 －本券不得與其他優惠併用，住宿前需先預約	憑券享平日入住雙人房折價 200 元，或平日入住四人房折價 400 元 －本券限使用一次 －本活動有效期限至 2015/06/30 －本券不得與其他優惠併用，住宿前需先預約
憑券享平日住宿折價 200 元 －本券限使用一次 －本活動有效期限至 2015/06/30 －本券不得與其他優惠併用，住宿前需先預約	憑券享平日或週六住宿折價 200 元 －本券限使用一次 －本活動有效期限至 2015/09/30 －本券不得與其他優惠併用，住宿前需先預約
憑券享平日、週六、國定假日、農曆過年住宿折價 200 元 －本券限使用一次 －本活動有效期限至 2015/12/31 －本券不得與其他優惠併用，住宿前需先預約	憑券享平日住宿折價 200 元 －本券限使用一次 －本活動有效期限至 2015/06/30 －本券不得與其他優惠併用，住宿前需先預約 －寒暑假不適用

公園 61 電話：0952-815100 洽鄭小姐 地址：宜蘭縣羅東鎮忠孝新村 61 號	**夏米去散步** 電話：0970-335009 洽接待人員 地址：宜蘭縣羅東鎮復興路三段 456 巷 68 號
享憩 電話：（03）956-3271 洽鄭小姐 地址：宜蘭縣羅東鎮中正路 198 號	**熙緹** 電話：0930-857591 洽林小姐 地址：宜蘭縣五結鄉協和村親河路二段 291 巷 51 弄 8 號
W＋M 電話：0982-770486 洽接待人員 地址：宜蘭縣五結鄉公園路 307 號	**旅樹** 電話：0975-815833 洽張先生 地址：宜蘭縣五結鄉親河路二段 27 巷 17 號
北方札特 電話：0918-612581 洽林先生 地址：宜蘭縣冬山鄉廣安村廣興路 682 巷 132 號	**T 2** 電話：0963-791321 洽周小姐 地址：宜蘭縣冬山鄉武淵村 2 鄰東五路 12 號
蝶舞境安 電話：0978-956176 洽謝小姐 地址：宜蘭縣冬山鄉柯林村境安二路 176 號	**渥爾夫** 電話：0958-889789 洽莊小姐 地址：宜蘭縣冬山鄉武淵村武罕五路 219 號
平安居 電話：0912-196913 洽韓小姐 地址：宜蘭縣冬山鄉廣安村復興路 166 號	**貝兒花園** 電話：0928-605305 洽黃小姐 地址：宜蘭縣冬山鄉新寮路 113 號
星賞 電話：0931-335368 洽朱小姐 地址：宜蘭縣冬山鄉柯林村長春路 170 號	**澹寧居** 電話：0921-942500 洽張小姐 地址：宜蘭縣冬山鄉大埤二路 75 巷 37 號
閒雲居 電話：0960-151969 洽林小姐 地址：宜蘭縣冬山鄉上河路 22 號	**北海稻** 電話：0929-887277 洽朱小姐 地址：宜蘭縣礁溪鄉白鵝村柴圍路 91-18 號

憑券享平日住宿折價 300 元 －本券限使用一次 －本活動有效期限至 2015/12/31 －本券不得與其他優惠併用，住宿前需先預約	憑券享平日住宿打 95 折 －本券限使用一次 －本活動有效期限至 2015/06/30 －本券不得與其他優惠併用，住宿前需先預約
憑券享平日住宿折價 200 元 －本券限使用一次 －本活動有效期限至 2015/06/30 －本券不得與其他優惠併用，住宿前需先預約	憑券享平日、週六、國定假日、農曆過年住宿折價 300 元 －本券限使用一次 －本活動有效期限至 2015/12/31 －本券不得與其他優惠併用，住宿前需先預約
憑券享平日住宿折價 200 元 －本券限使用一次 －本活動有效期限至 2015/09/30 －本券不得與其他優惠併用，住宿前需先預約	憑券享平日住宿折價 300 元 －本券限使用一次 －本活動有效期限至 2015/06/30 －本券不得與其他優惠併用，住宿前需先預約
憑券享平日住宿折價 300 元 －本券限使用一次 －本活動有效期限至 2015/06/30 －本券不得與其他優惠併用，住宿前需先預約	憑券享平日住宿折價 400 元 －本券限使用一次 －本活動有效期限至 2015/12/31 －本券不得與其他優惠併用，住宿前需先預約
憑券享平日、週六、國定假日、農曆過年住宿折價 300 元 －本券限使用一次 －本活動有效期限至 2015/12/31 －本券不得與其他優惠併用，住宿前需先預約	憑券享平日、週六、國定假日住宿打 9 折 －本券限使用一次 －本活動有效期限至 2015/06/30 －本券不得與其他優惠併用，住宿前需先預約
憑券享平日住宿折價 300 元 －本券限使用一次 －本活動有效期限至 2015/06/30 －本券不得與其他優惠併用，住宿前需先預約	憑券享平日住宿折價 200 元 －本券限使用一次 －本活動有效期限至 2015/06/30 －本券不得與其他優惠併用，住宿前需先預約
憑券享平日住宿折價 200 元 －本券限使用一次 －本活動有效期限至 2015/09/30 －本券不得與其他優惠併用，住宿前需先預約	憑券享平日住宿折價 300 元 －本券限使用一次 －本活動有效期限至 2015/06/30 －本券不得與其他優惠併用，住宿前需先預約
憑券享平日、週六、國定假日住宿折價 1,000 元 －本券限使用一次 －本活動有效期限至 2015/06/30 －本券不得與其他優惠併用，住宿前需先預約	憑券享平日、週六、國定假日、農曆過年住宿折價 500 元 －本券限使用一次 －本活動有效期限至 2015/12/31 －本券不得與其他優惠併用，住宿前需先預約

皇冠60週年回饋讀者大抽獎！
600,000 現金等你來拿！

參加辦法 即日起凡購買皇冠文化出版有限公司、平安文化有限公司、平裝本出版有限公司2014年一整年內所出版之新書，集滿書內後扉頁所附活動印花5枚，貼在活動專用回函上寄回本公司，即可參加最高獎金新台幣60萬元的回饋大抽獎，並可免費兌換精美贈品！

● 有部分新書恕未配合，請以各書書封（書腰）上的標示以及書內後扉頁是否附有活動說明和活動印花為準。
● 活動注意事項請參見本扉頁最後一頁。

活動期間 寄送回函有效期自即日起至2015年1月31日截止（以郵戳為憑）。

得獎公佈 本公司將於2015年2月10日於皇冠書坊舉行公開儀式抽出幸運讀者，得獎名單則將於2015年2月17日前公佈在「皇冠讀樂網」上，並另以電話或e-mail通知得獎人。

抽獎獎項

60週年紀念大獎1名：
獨得現金新台幣
60萬元整。

● 獎金將開立即期支票支付。得獎者須依法扣繳10%機會中獎所得稅。● 得獎者須本人親自至本公司領獎，並於領獎時提供相關購書發票證明（發票上須註明購買書名）。

讀家紀念獎5名：
每名各得《哈利波特》
傳家紀念版一套，價值
3,888元。

經典紀念獎10名：
每名各得《張愛玲典藏全集》精裝版一套，
價值**4,699元。**

行旅紀念獎20名：
每名各得 deseño
New Legend尊爵傳奇
28吋行李箱一個，
價值**5,280元。**

● 獎品以實物為準，顏色隨機出貨，恕不提供挑色。
● deseño尊爵系列，採用質感金屬紋理，並搭配多功能收納內襯，品味及性能兼具。

時尚紀念獎30名：
每名各得 deseño
Macaron糖心誘惑
20吋行李箱一個，
價值**3,380元。**

● 獎品以實物為準，顏色隨機出貨，恕不提供挑色。
● deseño跳脫傳統包袱，將行李箱注入活潑色調與簡約大方的元素，讓旅行的快樂不再那麼單調！

詳細活動辦法請參見
www.crown.com.tw/60th

主辦：皇冠文化出版有限公司
協辦：平安文化有限公司
平裝本出版有限公司

慶祝皇冠60週年，集滿5枚活動印花，即可免費兌換精美贈品！

參加辦法 即日起凡購買皇冠文化出版有限公司、平安文化有限公司、平裝本出版有限公司2014年一整年內所出版之新書，集滿**本頁左下角**活動印花5枚，貼在活動專用回函上寄回本公司，即可免費兌換精美贈品，還可參加最高獎金新台幣60萬元的回饋大抽獎！

●贈品剩餘數量請參考本活動官網（每週一固定更新）。●有部分新書恕未配合，請以各書書封（書腰）上的標示以及書內後扉頁是否附有活動說明和活動印花為準。●活動注意事項請參見本扉頁最後一頁。

活動期間 寄送回函有效期自即日起至2015年1月31日截止（以郵戳為憑）。

贈品寄送 2014年2月28日以前寄回回函的讀者，本公司將於3月1日起陸續寄出兌換的贈品；3月1日以後寄回回函的讀者，本公司則將於收到回函後14個工作天內寄出兌換的贈品。

●所有贈品數量有限，送完為止，請讀者務必填寫兌換優先順序，如遇贈品兌換完畢，本公司將依優先順序予以遞換。●如贈品兌換完畢，本公司有權更換其他贈品或停止兌換活動（請以本活動官網上的公告為準），但讀者寄回回函仍可參加抽獎活動。

兌換贈品

●圖為合成示意圖，贈品以實物為準。

A 名家金句紙膠帶

包含張愛玲「我們回不去了」、張小嫻「世上最遙遠的距離」、瓊瑤「我是一片雲」，作家親筆筆跡，三捲一組，每捲寬1.8cm、長10米，採用不殘膠環保材質，限量1000組。

B 名家手稿資料夾

包含張愛玲、三毛、瓊瑤、侯文詠、張曼娟、小野等名家手稿，六個一組，單層A4尺寸，環保PP材質，限量800組。

C 張愛玲繪圖手提書袋

H35cm×W25cm，棉布材質，限量500個。

[正面] [背面]

60 印花

詳細活動辦法請參見
www.crown.com.tw/60th

主辦：皇冠文化出版有限公司
協辦：平安文化有限公司 平裝本出版有限公司

皇冠60週年集點暨抽獎活動專用回函

請將5枚印花剪下後，依序貼在下方的空格內，並填寫您的兌換優先順序，即可免費兌換贈品和參加最高獎金新台幣60萬元的回饋大抽獎。如遇贈品兌換完畢，我們將會依照您的優先順序遞換贈品。

●贈品剩餘數量請參考本活動官網（每週一固定更新）。所有贈品數量有限，送完為止。如贈品兌換完畢，本公司有權更換其他贈品或停止兌換活動（請以本活動官網上的公告為準），但讀者寄回回函仍可參加抽獎活動。

1. _____ 2. _____ 3. _____

●請依您的兌換優先順序填寫所欲兌換贈品的英文字母代號。

(1) (2) (3) (4) (5)

□（必須打勾始生效）本人_____（請簽名，必須簽名始生效）
同意皇冠60週年集點暨抽獎活動辦法和注意事項之各項規定，本人並同意皇冠文化集團得使用以下本人之個人資料建立該公司之讀者資料庫，以便寄送新書和活動相關資訊。

我的基本資料

姓名：_____

出生：_____年_____月_____日　性別：□男　□女

身分證字號：_____（僅限抽獎核對身分使用）

職業：□學生　□軍公教　□工　□商　□服務業

□家管　□自由業　　□其他

地址：□□□□□ _____
_____

電話：（家）_____（公司）_____

手機：_____

e-mail：_____

□我不願意收到皇冠文化集團的新書、活動edm或電子報。

●您所填寫之個人資料，依個人資料保護法之規定，本公司將對您的個人資料予以保密，並採取必要之安全措施以免資料外洩。本公司將使用您的個人資料建立讀者資料庫，做為寄送新書或活動相關資訊，以及與讀者連繫之用。您對於您的個人資料可隨時查詢、補充、更正，並得要求將您的個人資料刪除或停止使用。

皇冠60週年集點暨抽獎活動注意事項

1. 本活動僅限居住在台灣地區的讀者參加。皇冠文化集團和協力廠商、經銷商之所有員工及其親屬均不得參加本活動，否則如經查證屬實，即取消得獎資格，並應無條件繳回所有獎金和獎品。

2. 每位讀者兌換贈品的數量不限，但抽獎活動每位讀者以得一個獎項為限（以價值最高的獎品為準）。

3. 所有兌換贈品、抽獎獎品均不得要求更換、折兌現金或轉讓得獎資格。所有兌換贈品、抽獎獎品之規格、外觀均以實物為準，本公司保留更換其他贈品或獎品之權利。

4. 兌換贈品和參加抽獎的讀者請務必填寫真實姓名和正確聯絡資料，如填寫不實或資料不正確導致郵寄退件，即視同自動放棄兌換贈品，不再予以補寄；如本公司於得獎名單公佈後10日內無法聯絡上得獎者，即視同自動放棄得獎資格，本公司並得另行抽出得獎者遞補。

5. 60週年紀念大獎（獎金新台幣60萬元）之得獎者，須依法扣繳10%機會中獎所得稅。得獎者須本人親自至本公司領獎，並提供個人身分證明文件和相關購書發票（發票上須註明購買書名），經驗證無誤後方可領取獎金。無購書發票或發票上未註明購買書名者即視同自動放棄得獎資格，不得異議。

6. 抽獎活動之Deseno行李箱將由Deseno公司負責出貨，本公司無須另行徵求得獎者同意，即可將得獎者個人資料提供給Deseno公司寄送獎品。Deseno公司將於得獎名單公布後30個工作天內將獎品寄送至得獎者回函上所填寫之地址。

7. 讀者郵寄專用回函參加本活動須自行負擔郵資，如回函於郵寄過程中毀損或遺失，即喪失兌換贈品和參加抽獎的資格，本公司不會給予任何補償。

8. 兌換贈品均為限量之非賣品，受著作權法保護，嚴禁轉售。

9. 參加本活動之回函如所貼印花不足或填寫資料不全，即視同自動放棄兌換贈品和參加抽獎資格，本公司不會主動通知或退件。

10. 主辦單位保留修改本活動內容和辦法的權力。

寄件人：

地址：□□□□□

請貼郵票

10547 台北市敦化北路120巷50號
皇冠文化出版有限公司 收